TU
DESTINO

Libros de Tony Evans publicados por Portavoz:

TU
DESTINO

*Permite que Dios
te use según su plan
para tu vida*

TONY EVANS

EDITORIAL
PORTAVOZ

La misión de *Editorial Portavoz* consiste en proporcionar productos de calidad —con integridad y excelencia—, desde una perspectiva bíblica y confiable, que animen a las personas a conocer y servir a Jesucristo.

Dedico este libro a Dios,
quien me reveló mi destino
y me permite ayudar a otros a descubrir el suyo.

Título del original: *Destiny,* © 2013 por Tony Evans y publicado por Harvest House Publishers, Eugene, Oregon 97402. Traducido con permiso.

Edición en castellano: *Tu destino,* © 2015 por Editorial Portavoz, filial de Kregel Publications, Grand Rapids, Michigan 49505. Todos los derechos reservados.

A menos que se indique lo contrario, todas las citas bíblicas han sido tomadas de la versión Reina-Valera © 1960 Sociedades Bíblicas en América Latina; © renovado 1988 Sociedades Bíblicas Unidas. Utilizado con permiso. Reina-Valera 1960™ es una marca registrada de la American Bible Society, y puede ser usada solamente bajo licencia.

El texto bíblico indicado con "nvi" ha sido tomado de *La Santa Biblia, Nueva Versión Internacional*®, copyright © 1999 por Biblica, Inc.® Todos los derechos reservados.

Las cursivas en los versículos bíblicos son énfasis del autor.

EDITORIAL PORTAVOZ
2450 Oak Industrial Dr. NE
Grand Rapids, Michigan 49505 USA
Visítenos en: www.portavoz.com

ISBN 978-0-8254-1976-8 (rústica)
ISBN 978-0-8254-0795-6 (Kindle)
ISBN 978-0-8254-7983-5 (epub)

1 2 3 4 5 / 24 23 22 21 20 19 18 17 16 15

Impreso en los Estados Unidos de América
Printed in the United States of America

CONTENIDO

"Tu destino es el llamamiento personalizado que Dios ha diseñado para tu vida, y Él te ha equipado para llevarlo a cabo a fin de que Él reciba la mayor gloria y su reino alcance su máxima extensión".

DR. TONY EVANS

INTRODUCCIÓN

Víctor era un científico suizo. Tras experimentar una tragedia personal, trató de enfrentar el dolor enfrascándose en un experimento fascinante: convertir un objeto sin vida en un ser vivo.

Para este fin, Víctor recorrió cementerios y funerarias para hacerse con todas las partes que necesitaba para ensamblar una criatura enorme a la que decidió ponerle su mismo nombre: Frankenstein. Pero el ser vivo que creó muy pronto se convirtió en un monstruo.

La mayoría de nosotros hemos visto la película, pero ¿conoces la verdadera tragedia de la historia? El monstruo —después de haber sido transformado de una colección de partes sin vida en un ser vivo— se rebeló contra la misma persona que lo había creado. En su independencia, se volvió contra su creador y lo convirtió en una víctima.

Los cristianos no tienen tres metros de altura, ni andan por ahí con tornillos o partes desmembradas del cuerpo cosidas entre sí, pero la verdad de la película resuena en muchas vidas. Aunque estábamos muertos en nuestros pecados y Dios nos dio vida, creando en nosotros algo donde antes no había nada, muchos hijos de Dios se han vuelto contra su Creador. En vez de vivir para Él, deciden vivir para sí mismos, para sus propias apetencias, deseos, emociones y voluntad. Como resultado, las vidas se desintegran y lo que había sido creado para algo bueno, rápidamente degenera en un desastre.

Esto se manifiesta en el índice de divorcios, cuando las personas solteras se convierten en parejas y tratan de vivir juntos. Se manifiesta en la tasa de suicidios a medida que los fracasos llevan a la depresión, la desesperanza y, finalmente, a la decisión de tirar la toalla. Se muestra en las adicciones cuando la gente trata de mitigar su dolor por medio de sustancias químicas, medicamentos, gastos excesivos u obsesiones. Se ve en las empresas e incluso en el ministerio cuando los líderes descuidan su tiempo personal o familiar y llenan sus horarios con reuniones a fin de satisfacer, de alguna manera, un vacío causado por no vivir su destino divinamente ordenado.

Cuando vives tu destino, ya no mides lo que has hecho de acuerdo con lo que haya hecho alguna otra persona. Tampoco confundes tu destino con una vida ajetreada. Cuando tu vida está llena de propósito, mides lo que has hecho de acuerdo con el plan de Dios para tu vida.

Muchas personas dedican gran parte de su vida a tratar de ser alguien que no son. Sin embargo, eso simplemente revela que no saben cómo deberían ser.

Las empresas comerciales a menudo buscan explotar esto a través de un mito de mercadotecnia que dice que puedes ser otra persona mediante la adquisición y uso de una camiseta con el número de tu futbolista preferido, los zapatos que un famoso dice que calza, el maquillaje que las actrices dicen que se ponen, o la ropa que luce bien en las modelos. De alguna manera, muchas personas piensan que, si pueden parecerse a otro, actuar como ellos, o hablar como una estrella —o tal vez incluso acercarse a una de ellas—, de alguna manera *serán* una estrella. El problema es que aún no se han dado cuenta de que ya son estrellas por derecho propio. Tú eres una estrella. Ya tienes una camiseta con tu propio número. Tú tienes tu propio estilo. Tú eres especial.

> Cuando tu vida está llena de propósito, mides lo que has hecho de acuerdo con el plan de Dios para tu vida.

Lo peor es que esto parece ser tan común entre cristianos como entre los que no lo son. Algunas personas dicen que tienen comunión con Jesucristo y que van al cielo, pero tienen un vacío tan grande en su ser que podría pasar un camión de gran tonelaje por él. Una de las principales razones por la que muchos no pueden vivir su destino es porque no entienden por qué fueron creados y quién los creó. Y no pueden entender esto porque no entienden el reino de Dios.

La Biblia no es una antología de historias al azar. El hilo que une toda la Biblia es el tema del reino. La meta de Dios es ver que su gobierno y autoridad cubren toda la tierra por medio de la expansión de su reino. Ese es el propósito de Dios en la historia.

Las Escrituras fueron escritas con el fin de facilitar esa agenda. El tema central unificador de la Biblia es la gloria de Dios por medio del avance de su reino. Cada evento, historia y personaje desde el Génesis hasta el Apocalipsis están ahí para unificar ese tema. Sin ese tema, la Biblia se convierte en una colección de historias que parecen no tener relación entre sí. Del mismo modo, cuando tú no reconoces e incorporas el tema del reino a tu propia vida, tus experiencias parecerán estar igualmente desconectadas, sin relación y al azar. Carecerán de la cohesión que tu destino ofrece. Comprender y aceptar el reino de Dios es el secreto para vivir con sentido, porque, sencillamente, tu vida está ligada a su reino. La agenda del reino de Dios para ti y para todos los demás se basa en su gobierno integral sobre todas las áreas de la vida.

Nosotros exaltamos a nuestro país y nuestra ciudadanía al recitar el juramento a la bandera y cantar el himno nacional. Pero si tú has nacido de nuevo por medio de Jesucristo, eres parte de un reino aún mayor, pues eres ciudadano del reino de Dios.

Entender lo que es el reino y cómo te afecta es de vital importancia ya que explica tu vida y propósito. Te muestra cómo las cosas se combinan para crear un todo integrado. Le da sentido a la vida. Aparte del reino, los eventos y aspectos de tu vida permanecen desvinculados entre sí y no pueden producir los resultados previstos.

La mantequilla por sí misma no tiene muy buen sabor. La nuez moscada tampoco tiene por sí misma un sabor muy apetecible. Lo mismo sucede con la harina o la sal. Ninguno de estos ingredientes por sí mismos sería suficiente para tentar a nadie a degustarlos. Pero cuando un panadero los mide y los mezcla todos juntos para un propósito definido, y los pone en el calor de un horno… el olor a pastel recién horneado es suficiente para atraer a cualquier persona a la cocina.

> La meta de Dios es ver que su gobierno y autoridad cubren toda la Tierra por medio de la expansión de su reino. Ese es el propósito de Dios en la historia.

Cuando los creyentes no centramos toda nuestra vida en el reino de Dios, segmentamos nuestras vidas en varios componentes en vez de permitirle a Dios mezclarlos todos juntos para un bien mayor. A menudo citamos Romanos 8:28: "Y sabemos que a los que aman a Dios, todas las cosas les ayudan a bien, esto es, a los que *conforme a su propósito son llamados*".

Sin embargo, la parte del pasaje que citamos más a menudo es simplemente: "Todas las cosas les ayudan a bien". El problema es que no todas las cosas ayudan a bien. Citar solo la mitad del versículo es perder todo el sentido. Las cosas que juntas ayudan a bien son las que suceden a aquellos que aman a Dios y son llamados conforme a su propósito. El propósito de Dios es su gloria y el avance de su reino mientras somos conformados a la imagen de su Hijo.

Cuando vives tu vida según el propósito de Dios, Él hará que todas las cosas en tu vida se combinen de manera que lleven a cabo su propósito en tu vida. De lo contrario, "todas las cosas" que te sucedan no estarán intencionalmente relacionadas y no servirán para realizar lo mejor de Dios para ti.

Hoy, si sientes que tu vida es como la mantequilla o la harina o la nuez moscada, empieza a convertirla en algo sabroso al amar a Dios y buscar su destino para ti. Cuando Dios es tu primera prioridad, Él medirá todo en tu vida —lo bueno, lo malo y lo amargo— y lo mezclará y lo convertirá en algo divino. Espero que este libro sea una guía práctica que te ayude a descubrir y disfrutar el destino que Dios ha planeado específicamente para ti.

PRIMERA PARTE

La importancia de tu destino

El concepto 1

Miguel Ángel, el gran escultor, pintor, arquitecto y poeta italiano, dijo una vez: "En cada bloque de mármol veo una estatua con tanta claridad como si estuviera delante de mí, formada y acabada en actitud y acción. Solo tengo que esculpir las paredes rugosas que aprisionan la hermosa aparición para revelarla a los demás ojos como lo ven los míos".

En cada gran bloque de mármol informe, imperfecto y rugoso, en el que Miguel Ángel fijaba sus ojos, él veía el tesoro en su interior. Una vez él describió el proceso de esta manera: "Vi el ángel en el mármol y talle hasta que lo puse en libertad". Miguel Ángel podía hacer esto porque no veía lo que era el mármol, sino lo que sería el mármol.

Miguel Ángel vio una obra maestra.

Mi amigo, tú eres una obra maestra. En el libro de Efesios, leemos acerca de otro Artista: "Porque somos hechura suya, creados en Cristo Jesús para buenas obras, las cuales Dios preparó de antemano para que anduviésemos en ellas" (2:10).

La palabra griega traducida como *hechura* en este versículo se refiere a ti, a mí y a todos los demás hijos de Dios. Es el término *poíema*, de donde nos viene nuestra palabra *poema*. Esta palabra denota una obra maestra.[1] Tú fuiste creado como una obra de Dios, tú eres su *poíema*. No fuiste fabricado en la línea de montaje o como un objeto hecho al azar para llenar un espacio o tiempo. Cuando Dios te hizo, Él se puso a trabajar intencional y delicadamente para elaborar

---

1. Harold W. Hoehner, "Ephesians", *The Bible Knowledge Commentary: An Exposition of the Scriptures by Dallas Seminary Faculty [New Testament Edition]*, eds. John F. Walvoord y Roy B. Zuck (Wheaton, IL: Victor, 1983), p. 624.

tu personalidad, aspecto, pasiones, habilidades… e incluso permitió tus imperfecciones y plantó tus sueños, todo junto en una magnífica obra maestra. De hecho, Dios hizo algo más que sembrar tus sueños dentro de ti. Dios tuvo un sueño para ti. ¿Sabías que Dios tiene un sueño para ti? Sí, es cierto. Tú eres su obra maestra. Eres el sueño de Dios. Aún más, fuiste hecho con un propósito. Ese propósito incluye la administración responsable de la autoridad de Dios. Incluye la expansión de su dominio. Incluye más que solo mostrar tus talentos. Se trata de impactar tu mundo para el bien al gobernar la esfera donde Dios te ha puesto.

Destino y autoridad

Cuando Dios creó a Adán y Eva, dijo: "Hagamos al hombre a nuestra imagen, conforme a nuestra semejanza; y señoree…" (Gn. 1:26). Los teólogos a menudo se refieren a este pasaje como la iniciación del *pacto de dominio*. Revela que Dios puso al ser humano en la tierra para servir como administrador de su creación. Él nos puso aquí y nos dio dominio: la autoridad para gobernar. David se hace eco de este pacto en el Salmo 8:4-6:

> Digo: ¿Qué es el hombre, para que tengas de él memoria,
>   Y el hijo del hombre, para que lo visites?
> Le has hecho poco menor que los ángeles,
>   Y lo coronaste de gloria y de honra.
> *Le hiciste señorear sobre las obras de tus manos*;
>   Todo lo pusiste debajo de sus pies.

Cuando Dios nos dio ese dominio, dijo que lo hacía con dos condiciones. Primera, nuestra autoridad es una extensión de su autoridad. Al darle a la humanidad ese dominio, Dios renunció a su gobierno directo sobre las cosas de la tierra y ahora lo hace por medio de la humanidad. En esencia, Él hizo a los seres humanos administradores de su creación. Los gerentes no llevan a cabo sus propios procesos, procedimientos o iniciativas. Ellos supervisan las tareas y personas de una manera que refleja los objetivos y la visión de sus superiores. Dios es nuestro Superior, y nos ha puesto en la tierra para administrar su creación bajo su autoridad.

La segunda condición del pacto de dominio es que, si tú gobiernas de acuerdo con las intenciones de Dios, recibirás la provisión divina. En otras palabras, Él suplirá todo lo que necesitas cuando tus decisiones se basen en sus principios y fines.

Sin embargo, lo contrario es también cierto. Dios te da libertad para gobernar su mundo de acuerdo con tus propias metas, aparte de Él, pero, si lo haces, te faltará su provisión y su respaldo, al igual que a cualquier administrador le faltaría la provisión de su empresa en caso de que optara por llevar a cabo sus propios objetivos y no los de sus superiores.

Dios te ha diseñado de manera que tengas todo lo que necesitas a fin de gobernar de manera productiva tu mundo. Sin embargo, a pesar de esta disposición, muchos hoy están siendo gobernados por su mundo en vez de gobernar ellos la esfera en la que Dios los ha puesto. Eso puede ser debido a su propio pecado, el pecado de otros, o incluso a algo aparentemente tan insignificante como el establecimiento de sus propias metas por encima de las de Dios. Cada vez que actúas fuera del propósito de Dios para tu vida, experimentarás las consecuencias de gobernar por tu cuenta, tal como el caos relacional, social, emocional o financiero. Las cosas ya no funcionan tan bien como lo harían bajo Dios.

> Dios te ha diseñado de manera que tengas todo lo que necesitas a fin de gobernar de manera productiva tu mundo.

No estoy diciendo que, si tú vives conforme a la voluntad de Dios, nunca vas a enfrentar retos. Siempre los habrá. Incluso si haces lo que es bueno y recto, enfrentarás retos debido a que vives en un mundo caído y pecaminoso. Además, Dios a menudo usa las pruebas para fortalecerte y desarrollarte. Pero Jesús dijo que, si le sigues, esas pruebas no te dominarán. No te harán temblar. A pesar de todo, te sentirás seguro y en paz. "Estas cosas os he hablado para que en mí tengáis paz. En el mundo tendréis aflicción; pero confiad, yo he vencido al mundo" (Jn. 16:33).

En otras palabras, el caos a tu alrededor no debe anular la calma que tienes en tu interior. Vivir tu destino significa, simplemente, vivir de acuerdo al diseño divino de Dios dentro de ti. Significa llevar a cabo la plena autoridad que te ha sido concedida y gobernar en el ámbito donde Él te ha puesto. Implica desarrollar y maximizar plenamente la obra maestra conocida como *tú*.

Características de una obra maestra

Tú eres único

Varias características hacen que una obra sea maestra. La primera es que una obra maestra es única. Para que algo sea una obra maestra, no puede tener duplicados por todas partes. Pueden existir réplicas o impresiones que reflejen la naturaleza singular del original, pero solo hay una obra maestra, al igual que solo hay una persona como tú. En toda la familia de Dios, no hay nadie como tú. Tú eres único. Tú eres sin par, que es exactamente como fuiste diseñado para ser. Conocer esa verdad debería liberarte de tratar de ser como otra persona, parecerte a otra persona, o adoptar las habilidades, llamado, propósito o personalidad de otra persona. Dios ya tiene a esa otra persona. Si te conviertes en ella, ¿quién va a ser tú? Dios creó a uno solo como tú, y ese alguien eres *tú*.

Tal vez cuando estabas creciendo te dijeron que tenías el género equivocado, la carrera equivocada, o la altura equivocada. Tal vez te sentiste como si hubieras nacido en el lugar o en la familia equivocada. Quizá sentías como si no fueras lo suficientemente inteligente, o cualificado, o rápido, o fuerte, o que pudieras hacerte oír como convenía. Es posible que sintieras como si no tuvieras suficiente potencial. Pero déjame decirte algo acerca de ti. Tú eres una obra maestra, un ser único. Cuando Dios te creó, Él eligió cada parte de ti y la planeó para usarla de manera que se cumpliera tu destino. Tú eres como Dios pensó y quiso que fueras. Y Dios usa a menudo a los más débiles y menos indicados en este mundo para llevar a cabo las cosas más grandes. De esa manera Él recibe la gloria, y Él sabe que tú dependerás de Él para hacerlo. Como una obra maestra, eres singular. Tú eres único.

Tú eres especial

Una obra maestra es especial, igual que tú. De hecho, tú eres tan especial que Dios envió a su propio Hijo para vivir para ti, morir por ti y resucitar de los muertos a fin de que puedas ser todo lo que Él quiere que seas.

Tú eres una obra maestra. Sin embargo, hasta que no empieces a creer que eres especial, no serás todo lo que fuiste creado para ser. No entenderás que estás calificado para gobernar. ¿Cómo puedes gobernar tu mundo si no crees tener la capacidad para hacerlo? ¿Cómo puedes gobernar tu ámbito si no te ves a ti mismo como un gobernante?

Se cuenta que, una vez, la hija de una reina no estaba sentada derecha en su silla del comedor. La reina le dijo que se sentara derecha y ella lo hizo, pero, al poco tiempo, volvió de nuevo a su postura descuidada. Esto se repitió varias veces hasta que, por fin, después de repetirle a su hija que se sentara derecha, la reina le dijo: "Siéntate bien, hija mía. ¿Es que no sabes quién eres?".

Saber quién eres te cambia la postura. Actúas diferente, piensas diferente, hablas diferente, caminas de manera diferente, y vives de otra manera, porque *eres* diferente. Tú eres único, eres especial. De hecho, eres tan especial que eres el único tú que jamás existirá. Nunca habrá otro que sea igual que tú. Tú no eres como un traje de confección en serie, sino que estás hecho a medida. Tú eres especial.

Tú eres valioso

Una obra maestra también es valiosa. La gente paga mucho dinero para poseer una obra maestra. De hecho, la mayoría de las obras maestras están cuidadosamente guardadas en lugares seguros y protegidos, como los museos y galerías de arte. *David*, la obra maestra de Miguel Ángel, se destaca imponente y bien protegida en la Galería de la Academia de Florencia. La persona normal y corriente no puede permitirse el lujo de poseerla. De hecho, no puede ni siquiera darse el lujo de viajar a Italia solo para verla. Eso dice mucho del valor de una obra maestra.

Espero que te des cuenta que eso también dice mucho acerca de ti.

Las cosas que la gente dijo acerca de ti cuando eras niño —lo que tu mamá o papá, tus abuelos, o hermanos pudieron haber dicho— no importa. Las cosas que dijeron tus maestros o amigos y vecinos no importan. ¿Te estaban siempre culpando por problemas o constantemente te ignoraban o te pasaban por alto? No importa. Mi amigo, independientemente de la manera en que otros puedan haberte visto, Dios ya ha dicho lo que eres: tú eres hechura suya. Tú eres su obra maestra. Donde otros solo ven un bloque de mármol con defectos y bordes irregulares, Dios ve el tesoro en su interior.

Él te ve, y tú puedes decir con el salmista: "¡Te alabo porque soy una creación admirable!" (Sal. 139:14, NVI).

Tú tienes un nombre

Los artistas y escultores que crean obras maestras dan a sus creaciones nombres que reflejan su significado y propósito. Tú también tienes un nombre. Habla de tu propósito, tu destino. Tu nombre expresa la razón divina para tu existencia.

Las Escrituras nos dicen que, un día, todos los que venzan recibirán un nombre nuevo, que solo será conocido por aquel que lo reciba.

El que tiene oído, oiga lo que el Espíritu dice a las iglesias. Al que venciere, daré a comer del maná escondido, y le daré una piedrecita blanca, y en la piedrecita escrito *un nombre nuevo*, el cual ninguno conoce sino aquel que lo recibe (Ap. 2:17).

Que den a alguien un nuevo nombre supone que ya tiene un nombre. Tú tienes un nombre en la tierra. Tu nombre refleja tu propósito, destino y razón divina de ser. El nombre que tienes puede ser tu nombre de pila, un nombre espiritual, un apodo, un título, o algún otro nombre que mejor te refleje.

Para entender mejor el significado de un nombre, ten en cuenta algunos nombres en el contexto de las culturas bíblicas. En los tiempos bíblicos, un nombre implicaba algo más que una nomenclatura. Un nombre indicaba, a menudo, la naturaleza, el propósito y esencia de la persona. Por ejemplo, Abraham significa "padre de muchos", y Josué significa "Jehová es salvación". Un nombre con frecuencia determinaba las expectativas de lo que una persona podría llegar a ser. A veces, el nombre de una persona fue cambiado para reflejar mejor su propósito en la tierra, como cuando Dios cambió el nombre de Jacob a Israel. ¿Conoces tu nombre? Si no, pídele a Dios que te lo muestre. Pídele que te revele el nombre que define quién eres, el nombre que Dios te ha dado.

Tú eres conocido

Tú no solo tienes un nombre sino que también eres conocido por Aquel que te lo dio. Una obra maestra es con frecuencia conocida en relación con su creador. Escuchamos el *Mesías* de Haendel o la Quinta Sinfonía de Beethoven. Observamos el *David* de Miguel Ángel o *Las meninas* de Velázquez. Una obra maestra rara vez se conoce solo por su propio nombre, sino sobre todo por la persona que la hizo, el creador de la obra. Como hijo de Dios, tú fuiste creado de forma única por Él, y Él desea relacionarse contigo, y quiere que otras personas te conozcan por esa relación. Él quiere que los que te vean digan: "Yo la conozco; ella es la Sara de Dios", o "Yo lo conozco, él es el Mateo de Dios". "Mira, por ahí va _____ de Dios". (Rellena el espacio en blanco. Tú eres conocido por tu relación con Él).

Tú eres una obra maestra

Como obra maestra, tú eres único, especial, valioso, tienes nombre y eres conocido por tu relación con tu Creador. Pero eso conlleva un reto. Satanás no quiere que tú sepas que eres una obra maestra con un destino divinamente ordenado, porque, si lo haces, te verás a ti mismo de una forma nueva. Cambiarás de manera natural cómo planificas, piensas, caminas, hablas, vistes, sueñas, cómo tratas a los demás y te tratas a ti mismo, y cómo actúas.

Y ustedes, señoras, por favor, recuerden sobre todo que una obra maestra está a menudo protegida en entornos altamente custodiados, de manera que las personas que pasan cerca no se sientan con la libertad de tocar, agarrar, o poner sus manos sobre ella. Una obra maestra es tan valiosa que solo es tocada por la persona asignada para cuidar de ella, la única que sabe cómo manejarla en una forma que respete y conserve su belleza y valor.

Tú eres una obra maestra. Una pintura. Un poema. Una canción. Una escultura. Una obra de arte.

Piensa en ti de esa manera. Acéptate a ti mismo de esa forma. Hónrate a ti mismo así. Al hacerlo, estás honrando a Aquel que te creó.

Ahora puedo oírte decir: "Pero, Tony, no me siento como una obra maestra". Y eso está bien porque no estoy hablando acerca de tus emociones en este momento. Estoy hablando de ti. Imagínate a alguien que es afroamericano y dice: "Pero yo no me siento afroamericano". O alguien que es blanco y dice: "No me siento blanco". Esos sentimientos son reales, pero, en cierto sentido, son irrelevantes porque no cambian los hechos.

Tú eres una obra maestra ya sea que te sientas como una o no.

Puede que te sientas como un fracaso, pero Dios dice que eres hechura suya, creado en Cristo Jesús para buenas obras. Esa es la realidad en la que debes centrarte cuando tus sentimientos te dicen otra cosa. Dios elevará tus sentimientos hasta el nivel de tu destino; no bajes tu destino a la altura de tus emociones. Todos los días, declara a ti mismo en voz alta lo que Dios dice acerca de ti. Esa es una de las cosas más importantes que puedes hacer hasta que tus sentimientos se ponen a la altura de los hechos.

Funciona como una obra maestra

Puedes ayudarte a ti mismo a sentirte como la obra maestra que eres si empiezas a funcionar como una obra maestra. Dios te creó con un propósito. Él no te creó simplemente para que te vieras bien en el espejo, llamaras la atención, estimularas mentes, ganaras mucho dinero o hicieras reír a la gente. Él te dio dones, personalidad y fortalezas para que pudieras cumplir con tu llamamiento. Has sido creado para buenas obras. Estás aquí para cumplir con tu destino.

No te vas a dar cuenta cabal de cuán

> Te sentirás como una obra maestra cuando funciones como una obra maestra.

magistralmente has sido hecho hasta que comiences a cumplir tu destino, porque es entonces cuando experimentarás la plenitud de lo que eres. Es decir, te sentirás como una obra maestra cuando funciones como una obra maestra. Igualmente, si algo te impide funcionar como una obra maestra, no lograrás sentirte como tal.

El Catecismo Abreviado de Westminster comienza abordando una necesidad fundamental en todos nosotros, y es identificar por qué estamos aquí. Se pregunta: "¿Cuál es el fin principal del hombre?". Y luego se da la respuesta: "El fin principal del hombre es glorificar a Dios y disfrutar de Él para siempre". ¿Cómo puedes glorificar a Dios? Una forma de hacerlo es cumplir su propósito para tu vida. Jesús reconoce esto. "Yo te he glorificado en la tierra; he acabado la obra que me diste que hiciese" (Jn. 17:4). ¿Cómo glorificó Jesús a Dios? Al llevar a cabo la obra que Dios le envió a hacer. Lo mismo se aplica a ti. Das gloria a Dios al caminar en su propósito para tu vida y cumplirlo. Tú glorificas a Dios cuando eliges vivir tu destino y hacer intencionalmente las obras que Él ha preparado para ti.

Afortunadamente, no tienes que llevar la carga de crear tu destino. Ninguna escultura, pintura o himno se ha creado a sí mismo. Dios ya ha determinado el destino de tu vida. Tu tarea consiste en hacerlo realidad.

Cuando anteriormente leímos Efesios 2:10, vimos que fuimos "creados en Cristo Jesús para buenas obras, *las cuales Dios preparó de antemano*".

Cualquiera que haya trabajado conmigo sabe que prefiero enfocar las cosas a partir del final y trabajar mi camino de regreso. Me gusta visualizar primero el resultado final y, desde allí, dar pasos hacia atrás en la planificación y el debate para ver cómo podemos llegar a esa meta. A veces eso resulta muy retador, pero es la manera que me gusta funcionar.

El libro de Isaías revela que Dios provee el ejemplo supremo de comenzar con el final de algo y luego trabajar hacia atrás para asegurarse de que realmente suceda.

Acordaos de esto…
Acordaos de las cosas pasadas desde los tiempos antiguos;
porque yo soy Dios, y no hay otro Dios,

y nada hay semejante a mí,
que anuncio lo por venir desde el principio,
y desde la antigüedad lo que aún no era hecho;
que digo: Mi consejo permanecerá,
y haré todo lo que quiero (Is. 46:8-10).

Dios trabaja desde el final hacia el principio. Esto es similar a la manera en que el albañil y el carpintero construyen una casa. Ellos no comienzan clavando trozos de madera con la esperanza de que al final salga una casa. No, primero un arquitecto diseña cómo será la casa. Incluye las medidas, junto con un plan que muestra dónde se colocarán los componentes clave, tales como cables de electricidad, plomería y conductos. Solo cuando el albañil y el carpintero ven los planos terminados de la casa empiezan a cavar los cimientos y comprar los materiales.

Cuando Dios dice que Él anuncia lo por venir desde el principio, está afirmando que Él ya ha completado un plan espiritual de lo que tú vas lograr físicamente. Él conoce tu destino. Sus metas para ti ya están establecidas. Sus deseos para ti ya han sido determinados. Él ya ha soñado su sueño para ti. Ahora Él simplemente está volviendo a través del tiempo para darte la capacidad de cooperar al caminar en lo que Él ya ha preparado de antemano.

> Dios ya ha completado un plan espiritual de lo que tú vas a lograr físicamente.

Esto lo vemos suceder en las Escrituras todo el tiempo. Dios da el resultado final a una persona —lo llamamos una visión— y luego habilita a esa persona para que lo lleve a cabo. Dios le dijo a Moisés que iba a liberar a los israelitas por medio de él, pero Moisés tuvo que dar los pasos para hacerlo. Dios le dijo a Abraham que haría de él una gran nación, pero Abraham tuvo que ponerse a trabajar con Sara, a pesar de su edad o de la forma en que podía (o no) sentirse. Dios le dijo a Nehemías que los muros de Jerusalén serían reconstruidos, pero Nehemías tuvo que pedir permiso al rey de Persia para ausentarse con el fin de hacer lo que Dios había declarado que haría.

Los propósitos de Dios para ti ya han sido completados. Él ya te ha bendecido con "toda bendición espiritual en los lugares celestiales en Cristo" (Ef. 1:3). Sus bendiciones ya están allí. La victoria ya está ganada. Tu destino ya existe. Si tú no te sientes como una persona que tiene un destino, es probable que todavía no hayas empezado a funcionar como una persona con un destino.

Si captas la verdad de que tú has sido creado intencionalmente en Cristo Jesús para buenas obras que Dios ya ha preparado, eso transformará tu vida. Cambiará las preguntas que haces. En vez de tratar de buscar la explicación de todo, tú solo tienes que averiguar una cosa: ¿Cuál es el plan de Dios para tu vida? Cuando te enfoques en eso, verás que caminas en lo que Dios ha preparado para ti.

Dios ya ha ido hasta el final y ha vuelto. Él tiene el plano de la casa. Ahora solo te pide que camines con Él por fe al tiempo que construye la casa contigo. Tú no tienes que arreglarlo. No necesitas forzarlo. No tienes que construirlo. No tienes que ensamblarlo. No necesitas maniobrar con el fin de conseguirlo. Pero tienes que seguir la dirección de Dios y caminar con Él por fe.

Una obra maestra como ninguna otra

Sin embargo, muchos de nosotros tratamos de vivir los destinos de otros en vez del nuestro. Esa es la razón por la que muchos cristianos viven vidas frustradas e insatisfechas. Persiguen destinos que nunca fueron diseñados para ellos. Ven el destino de otra persona y les gusta tanto que tratan de hacerlo suyo. Pero Dios no te ha equipado a ti para cumplir el destino de otra persona. Él tiene un destino reservado para ti. Si quieres estar completamente satisfecho, tienes que cumplir tu propio destino.

¿Cuál es tu destino? La elección no es tuya; es una realidad que tienes que descubrir. Por ejemplo, un electrodoméstico no elige lo que va a hacer. Un refrigerador no decide por sí mismo refrigerar. Un fogón u horno de cocina no decide que va a calentar. El fabricante es el que toma esa decisión. Y si un refrigerador intenta calentar, será completamente ineficaz, y todo el que intenta usarla quedará frustrado. El refrigerador estaría tratando de funcionar para algo que no ha sido diseñado ni destinado.

Mi amigo, Dios tiene un propósito para ti. Es un propósito

divinamente ordenado para tu vida. Incluye varias cosas, como tu pasión, tu personalidad, tus habilidades, sueños y heridas. Todas ellas se combinan para ayudarte a cumplir tu destino.

Tu destino es el llamamiento personalizado que Dios ha diseñado para tu vida, y Él te ha equipado para llevarlo a cabo a fin de que Él reciba la mayor gloria y su reino alcance su máxima extensión. Ten en cuenta que tu razón de ser no es solo acerca de ti. Es acerca de Dios y de la agenda de su reino.

Otra cosa más, tu destino puede estar más cerca de lo que piensas. No está muy lejos, en un lugar oscuro, oculto hasta que lo encuentres. Tampoco es algo que vas a tener miedo de hacer. El apóstol Pablo explica que tu destino está ya en ti: "Porque Dios es el que *en* vosotros produce así el *querer* como el *hacer*, por su buena voluntad" (Fil. 2:13).

> Tu razón de ser no es solo acerca de ti. Es acerca de Dios y de la agenda de su reino.

Dios ya está obrando en ti, dándote tanto el deseo (el querer) como la dirección (el hacer) para vivir tu destino. Tú ya lo tienes. No tienes que ir a buscarlo. Cuanto más te acerques a Dios y seas capaz de discernir su voz y dirección en tu vida, más cerca estarás de realizar tu destino. Ya está en ti.

Tú ya has decidido dar un paso importante hacia el descubrimiento y la realización de tu destino al buscar lo que dice la Palabra de Dios al respecto mientras reflexionamos juntos a lo largo de estas páginas. Me alegro, te felicito y te aplaudo por eso, y con gusto te acompañaré en el camino. No hay nada más emocionante que ver a alguien que de verdad entra, posee y experimenta su destino. Eso es lo que de verdad quiero para ti. Prosigamos, pues.

El reino

2

Soy estadounidense porque nací en los Estados Unidos. Nací en Baltimore, Maryland, y, desde el momento de mi nacimiento, fui calificado inmediatamente para ser ciudadano estadounidense. Mi nacimiento determinó mi ciudadanía. Como afroamericano, mis raíces no son de aquí. Mis raíces se extienden profundas en dos continentes muy distantes. De cualquier modo, yo soy un ciudadano de los Estados Unidos porque aquí es donde nací.

Haber nacido en los Estados Unidos me ofrece todos los derechos, privilegios y protecciones otorgados a los ciudadanos estadounidenses. No obstante, a pesar de que nací aquí, no tengo garantizado que experimentaré el sueño americano. Mi nacimiento solo me da la oportunidad de ir en pos de ese sueño. Si decido no hacerlo, eso no me priva de mi ciudadanía. Sin embargo, sí me puede privar de mi capacidad de disfrutar plenamente los beneficios de mi ciudadanía y de maximizarlos.

Si eres parte de la familia de Dios, por haber confiado en el Señor Jesucristo como tu Salvador personal, eres un ciudadano del reino de Dios, porque has nacido de nuevo. Has sido dado a luz en la familia de Dios y, de ese modo, tienes acceso a todos los derechos, privilegios y protecciones que vienen del trono celestial. Pero, a pesar de que has nacido en el reino, puede que no estés disfrutando o maximizando los beneficios del reino. Si no persigues todo lo que se puede hacer en el reino, no vas a perder tu ciudadanía, pero, sin duda, no experimentarás todos los beneficios del reino.

Establezcamos bien las prioridades

Podemos definir la agenda del reino de Dios como la manifestación visible del gobierno integral de Dios sobre todas las áreas de la vida.

Con frecuencia leemos en las Escrituras que Jesús vino a predicar el evangelio del reino de Dios. De hecho, el sermón más largo de Jesús en la Biblia es específicamente sobre el reino. La parte principal de ese sermón se encuentra justo en el medio. Allí Jesús explicó claramente cómo debemos ver y posicionar el reino de Dios en nuestras vidas. Este principio es el fundamento sobre el que edificarás a medida que tu destino toma forma:

Mas buscad primeramente el reino de Dios y su justicia,
y todas estas cosas os serán añadidas (Mt. 6:33).

Quiero pedirte que te concentres en la palabra *primeramente*. Si esa palabra se pierde en tu vida, verás disminuida tu experiencia de Dios y sus planes para ti. Dios y su reino demandan ser lo *primero*. Dios no demanda ser uno entre muchos, o una de tus principales prioridades. Él dice que debemos buscarle *por encima de todo*.

El problema en la mayoría de nuestras vidas cristianas, y la razón por la que muchos de nosotros no estamos viviendo y experimentando plenamente nuestro destino, es porque Dios y su reino no son lo primero. Él, por supuesto, está allí. Está cerca. Es una de las cosas en la lista, pero no ocupa el primer lugar.

> Siempre encuentras tiempo para lo que es más importante en tu vida.

Como pastor, tengo la oportunidad de hablar con muchas personas acerca de su vida espiritual, especialmente en el contexto de consejería. Los que no logran superar sus luchas me dicen a menudo que no tienen tiempo para Dios. Mi respuesta es siempre la misma: "Siempre encuentras tiempo para lo que es más importante en tu vida. Si no tienes tiempo para Dios, es porque Él no es tu primera prioridad".

Cuando Dios creó al hombre, dejó claro que Él quería ser el

primero. La Biblia nos dice que Dios rechazó las ofrendas de Caín, pero Abel llevó a Dios una ofrenda de los *primogénitos* de lo que tenía. Proverbios nos dice: "Honra a Jehová con tus bienes, y con las primicias de todos tus frutos" (3:9). A los israelitas se les mandó que dieran a los levitas, que fueron elegidos para servir a Dios en su templo, una ofrenda de las *primicias* de lo que tenían: "Las primicias de tu grano, de tu vino y de tu aceite, y las *primicias* de la lana de tus ovejas le darás" (Dt. 18:4). Una y otra vez, Dios dice a su pueblo que deben llevarle las primicias, no las sobras. Cuando Jesús habló a la iglesia de Éfeso, les dijo que habían dejado su *primer* amor (Ap. 2:4). No estaba diciendo que no le amaban, sino que no lo tenían en *primer* lugar. En Colosenses se dice de Jesús "para que en todo tenga la preeminencia" (Col. 1:18).

No nos gusta que otras personas se metan delante de nosotros cuando estamos de pie en una larga fila. Cuando Dios nos dice que debemos ponerle en primer lugar, nos está diciendo que está cansado de que otra cosas se pongan por delante de Él. Nosotros le damos las gracias por todo lo que nos ha dado, y luego permitimos que eso mismo que le agradecemos se meta en la fila delante de Él en nuestros pensamientos, tiempo y prioridades. Sin embargo, Jesús dice: "Mas buscad *primeramente* el reino de Dios y su justicia". Esto no es una petición o una sugerencia. No es algo que Dios espera que tú lo consideres. Es la realidad no negociable que debes vivir con el fin de realizar y experimentar plenamente la más grande manifestación de tu destino.

Dios no es uno entre muchos. Tiene que ser el *primero.*

Permite que Dios sea Dios

En la mayoría de las casas encontramos lo que se suele llamar la sala de estar. Sin embargo, en mi opinión, ese es un nombre mal aplicado. La sala de estar es normalmente un cuarto para las visitas. Acostumbramos a estar más en la cocina, el estudio o las habitaciones de nuestro hogar, y no en la sala de estar. De hecho, cuando yo vivía de niño en Baltimore, mis padres me decían que no jugara en la sala de estar, ya que estaba reservada para las visitas. No hace mucho visité a mis padres en Baltimore, y todavía tenían cubierto con plásticos el mobiliario de esta llamada "sala de estar", en la que casi nunca "está" nadie.

Así como llamamos de forma equivocada a la sala de estar, muchos de nosotros hacemos lo mismo con Dios. Le llamamos nuestro Dios, pero solo estamos de visita. Nos presentamos un domingo o tal vez un par de veces durante la semana. Nos sentamos para una visita con Dios en vez de vivir una relación de primera clase con Él. Sin embargo, Dios dice que debemos buscarle a Él primeramente. Si esa realidad y esa prioridad faltan en tu vida, acabas de identificar la razón por la que aún no te has dado cuenta de cuál es tu destino. Si reconoces a Dios como Dios y, no obstante, no le tratas como a Dios, no puedes disfrutar de los beneficios de su reino. Dios te dice que busques primeramente su reino. No que sea lo segundo, tercero, cuarto o décimo.

> Si reconoces a Dios como Dios y, no obstante, no le tratas como a Dios, no puedes disfrutar de los beneficios de su reino.

Un día, una pareja casada salió de su casa para ir a un viaje al extranjero. Llegaron al aeropuerto y, cuando estaban para sacar su tarjeta de embarque, el marido se dirigió a la mujer y le dijo:

—Cariño, ojalá hubiera traído el piano.

Ella respondió:

—¿Para qué quieres llevar el piano? No necesitamos un piano en nuestro viaje al extranjero.

A lo que él dijo:

—Me hubiera gustado traer el piano porque nuestros pasaportes están encima del piano.

Sin importar todo lo que ya tenían, sin sus pasaportes no iban a ninguna parte. Tal vez ahorraron su dinero, planificaron los detalles y empacaron sus pertenencias, pero, sin los pasaportes, todo lo demás era en vano. No podían ir al extranjero sin sus pasaportes.

Si estás buscando tu pasaporte para llegar a tu destino, lo encontrarás en el reino. Mas buscad *primeramente* el reino de Dios.

El reino presupone la presencia de un rey. Y si Él es Rey, Él es el que gobierna. Buscar primero el reino significa buscar el poder y la autoridad de Dios en tu vida. Eso quiere decir que cuando tienes que tomar una decisión, acudes primero a Él. Cuando tienes que resolver un problema y estás buscando una solución, vas en primer lugar a Él. Para muchos cristianos, Dios es como una rueda de repuesto, van a Él cuando lo han intentado todo y nada ha funcionado. La clave para tener éxito, realizar tus sueños y superar los retos en tu vida está en el principio fundamental del reino: *Buscad primeramente el reino de Dios*.

Él es lo más importante

Había una vez un hombre que tenía dos vacas. Le dijo a su esposa que iba a vender una vaca y guardar los ingresos. Luego agregó que iba a vender la otra vaca y dar los beneficios a Dios.

Al día siguiente, la esposa del hombre se dio cuenta de que estaba triste.

—¿Qué pasa? —preguntó.

El hombre hizo una pausa, pensó en las palabras que iba a decir, y luego respondió:

—La vaca de Dios acaba de morir.

Cuando buscas primero tu reino, tus sueños, tus deseos, tus planes, tus programas y tu agenda, la vaca de Dios siempre muere primero. Le das a Dios un papel secundario. Si hay algo que quede afectado o disminuye, es probable que sea el tiempo que pases con Él, o tu capacidad para seguirle o llevar a cabo su agenda. Y, aun así, puede que todavía ores diciendo: "Este es mi gobierno, mi reinado, mi plan, mi reino… bendíceme, Dios". Dios no va a bendecir el avance de ningún otro reino que no sea el suyo. Hacer eso sería tan ridículo como si el gobierno estadounidense promoviera el bienestar de otras naciones en nuestro propio detrimento. Eso causaría un gran escándalo y enojo entre los que pagan impuestos.

El secreto para vivir la plenitud de tu destino está en esta sola palabra: *primeramente*. Consiste en dar prioridad al gobierno de Dios y al avance de su reino en cada área de tu vida. Puedes escuchar un millón de sermones, leer un millón de libros y orar un millón de veces, pero nada de eso te va a ayudar a vivir tu destino hasta que pongas a Dios en primer lugar.

¿Por qué tantas personas, que hoy día tienen tanto acceso a la enseñanza bíblica, siguen viviendo vidas derrotadas separadas del destino de Dios para su vida? La respuesta es que están viviendo con un enfoque equivocado. Sus decisiones, conclusiones, deseos y decepciones se basan en su voluntad y realización personal. Sin embargo, cuando empiezas con el enfoque equivocado, sin importar cuán lejos logres ir, siempre irás hacia el destino equivocado.

Para llegar a donde quieres ir —tu destino—, necesitas asegurarte primero, y ante todo, de que comienzas con el enfoque correcto: Dios. El principio fundamental para tu destino es este: Dios te creó para que le pusieras a Él y su reino *en primer lugar*.

> El principio fundamental para tu destino es este: Dios te creó para que le pusieras a Él y a su reino *en primer lugar*.

Fuiste creado por Él y para Él.

Nuestra iglesia a menudo canta el himno: "Se trata de ti, solo de ti, Cristo". Pero las acciones de los creyentes con frecuencia entonan otro coro diferente: "Se trata de mí, solo de mí, así que, Señor Jesús, ven a bordo".

Dios no te creó para que Él pudiera pasar todo su tiempo tratando de encontrar la manera de ayudarte. Te creó para el destino que Él tiene para ti: para llevar a cabo su plan para el avance de su reino y para su gloria. Cualquier otro fundamento te llevará a alguna otra parte, *pero no a tu destino*.

Las Escrituras nos dicen que Enoc caminó con Dios, no que Dios caminó con Enoc. Dios no es tu copiloto. Él es el *primero*. El apóstol Pablo escribe: "para nosotros, sin embargo, sólo hay un Dios, el Padre, del cual proceden todas las cosas, y nosotros somos para él; y un Señor, Jesucristo, por medio del cual son todas las cosas, y nosotros por medio de él" (1 Co. 8:6).

Tú existes para el reino de Dios. Tu destino tiene que ver con su agenda. La Biblia no comienza con: "En el principio, tú…", sino con: "En el principio… Dios". Dios *es* el principio.

Por medio de Él y para Él

El libro de Colosenses profundiza en esta verdad fundamental. "Porque en él fueron creadas todas las cosas, las que hay en los cielos y las que hay en la tierra, visibles e invisibles; sean tronos, sean dominios, sean principados, sean potestades; todo fue creado por medio él y *para* él. Y él es antes de todas las cosas, y todas las cosas en él subsisten" (Col. 1:16-17).

Date cuenta de que no dice: "Todo fue creado por medio de él y *para ti*". Dios creó todas las cosas por medio de Él y para Él. Eso te incluye a ti. Tú has sido creado por Dios mismo.

No solo eso, el versículo 17 nos dice también que Dios es antes de todas las cosas. *Antes* significa *primero*. Vivir tu destino tiene que ver con la alineación correcta. Cuando pones a Dios lo primero en tu vida, el resto del versículo 17 es verdadero también: "Todas las cosas en él subsisten".

Si las cosas en tu vida se están desmoronando o si no tienes paz, seguridad, estabilidad y calma, lo primero que debes preguntarte es cuál es la posición que le has asignado a Dios. Si realmente le pones a Él antes de todas las cosas, Él las mantendrá unidas. Pero si no lo haces, no puedes esperar que mantenga todas las cosas unidas. Tienes que poner a Dios antes de todas las cosas para que Él pueda mantenerlas unidas.

> Si realmente le pones a Él antes de todas las cosas, Él las mantendrá unidas.

¿Por qué tantas personas no tienen estabilidad ni calma ni propósito? ¿Por qué con tanta frecuencia sufren caos emocional, espiritual o físico? La respuesta es simple: no han puesto a Dios antes de todas las cosas. Él no es el primero. Por el contrario, Él es además de todas las cosas. O tal vez incluso viene después de probar todas las otras cosas. O acudiremos a Él más tarde. No obstante, Dios llevará a cabo su plan para tu vida solo cuando le pones a Él *antes de* todas las cosas.

Pablo arroja más luz sobre esto en Efesios:

> Dándonos a conocer el misterio de su voluntad, según su beneplácito, el cual se había propuesto en sí mismo, de reunir todas las cosas en Cristo, en la dispensación del cumplimiento de los tiempos, así las que están en los cielos, como las que están en la tierra. En él asimismo

tuvimos herencia, habiendo sido predestinados conforme al propósito del que hace todas las cosas según el
designio de su voluntad (Ef. 1:9-11).

Dios te salvó no solo para que puedas ir al cielo —¡que será maravilloso!—, sino para poder cumplir su propósito a través de ti en
la tierra. No malinterpretes lo que esto significa. Dios quiere fortalecerte. Pero Él lo hará conforme a su propósito, y no conforme a tus
deseos que están fuera de su propósito y plan para tu vida. Si vives
fuera de la agenda de Dios, te estás perdiendo la plena realización de
su poder en tu vida para cumplir con esa agenda. No estás experimentando la realidad de Dios dentro de ti en todas sus posibilidades,
porque estás edificando sobre el fundamento equivocado. Estás em-
pezando desde el lugar equivocado.

El propósito de Dios

En el Antiguo Testamento, leemos acerca de la vida de David,
el siervo de Dios. David no era un hombre perfecto, pero era un
hombre conforme al corazón de Dios. En el libro de los Hechos,
descubrimos lo que eso significa: "David, *habiendo servido a su propia
generación según la voluntad de Dios*, durmió, y fue reunido con sus
padres" (Hch. 13:36).

Ser un hombre conforme al corazón de Dios como lo fue David
implica algo más que asistir al templo, leer la Biblia y memorizarla,
ser miembro de comités y bailar en la calle. David era un hombre
conforme al propósito de Dios.

El epitafio bíblico de David nos dice mucho simplemente por lo
que no dice. No leemos...

> "David, después de convertirse en el director general de
> la empresa..."
> "David, después de acumular mucho dinero..."
> "David, después de ganar tantas batallas..."
> "David, después de haberse elevado en los círculos so-
> ciales..."

"David, después de comprar mucha ropa fina de marca…"

No, sino que dice: David "habiendo servido a su propia generación según la voluntad de Dios". Eso es lo que significa ser un hombre o una mujer conforme al corazón de Dios. David hizo aquello para lo que había sido puesto en la tierra. David sabía que no se trataba de él. Él no se entregó a la mentalidad de "Bendíceme" en la que Dios es como una máquina expendedora cósmica en la que pones monedas, presionas los botones, y Él te dispensa lo que quieres. No, David se dio cuenta de que las bendiciones de Dios estaban vinculadas al propósito de Dios. Se dio cuenta de que su destino estaba ligado a los deseos de Dios y que las bendiciones que recibía fluían de su destino. No eran independientes de él.

Durante miles de años, la gente creyó que el sol y los planetas giraban alrededor de la tierra. La tierra era el centro de todo. No fue hasta el siglo XVI que el astrónomo polaco Nicolás Copérnico publicó su tratado *De Revolutionibus Orbium Coelestium* en el que presentó el primer modelo heliocéntrico de nuestra galaxia.

Muchos creyentes han hecho lo mismo filosófica y psicológicamente. Tienen un concepto totalmente erróneo. Se ven a sí mismos como el centro, y todo lo demás, incluyendo a Dios, gira en torno a sus propias vidas. De hecho, esto se ha convertido en un sistema de creencias tan destacado en estos últimos días que estamos a punto de caer en una epidemia de narcisismo.

Sin embargo, eso no es lo que Dios dice. Él dice que Él es el eje alrededor del cual hemos de girar. Él es el centro de coordinación. Él mantiene todas las cosas unidas.

Amigo, si realmente deseas descubrir y vivir todo el poder y significado de tu destino, abandona tu actitud de máquina expendedora y haz de Dios el eje central en tu vida.

Cuando una mujer da a luz a un bebé, ella debe adaptarse al pequeño. A fin de atenderle y alimentarle debidamente, y apreciar la nueva vida que se le ha dado, tiene que ajustar su horario de sueño. Su programa y sus prioridades deben ajustarse.

La nueva vida significa ajustes.

La nueva vida en ti, que recibiste cuando Dios te salvó, hizo necesario un ajuste en tu perspectiva, planificación y también prioridades. Si no fuera así, estarías todavía viviendo para ti. Seguirías siendo el centro de tu universo, y tu vida no giraría alrededor de los propósitos de Dios para ti.

¿Milagro o desastre?

Cuando las personas reciben la temida noticia de que tienen cáncer, se enfrentan a una situación difícil. El cáncer les quiere dominar. El cáncer no sería tan malo si simplemente se quedara quietecito.

Muchos de nosotros queremos que Dios haga lo que queremos que haga el cáncer: estar allí y quedarse quieto. Queremos que aparezca unas cuantas horas el domingo y, posiblemente, durante unas pocas oraciones, un libro devocional, o incluso un par de capítulos de la Biblia durante la semana. Queremos incluirle en algunas de nuestras conversaciones. Pero cuando se trata de dejar que, en realidad, Él se haga cargo de nuestra vida, no es así como queremos funcionar. Destinamos nuestro tiempo, talentos y tesoros para lograr nuestros propios fines, más que los de Dios. Y, debido a eso, a menudo vivimos en el vacío o en el caos; si nos consagráramos a Dios y a su agenda para el reino, le veríamos hacer milagros del caos en nuestra vida.

Sin embargo, aquello que podía haberse convertido en un milagro termina resultando un desastre aún mayor. Considera a Lucifer, por ejemplo. Lucifer tenía el mejor destino posible. Era el jefe de los ángeles. Dios lo creó como el ángel principal. Todos los demás ángeles debían seguir su ejemplo para la gloria y los propósitos de Dios.

> Si nos consagráramos a Dios y a su agenda para el reino, le veríamos hacer milagros del caos en nuestra vida.

Antes de que Dios creara al hombre, creó a los ángeles. Los ángeles fueron el primer orden de seres creado por Dios. Los ángeles son seres espirituales cuyo propósito es reflejar la gloria de Dios. Fueron diseñados como reflectores de la gloria divina.

Leemos en Isaías 6 acerca de ángeles con seis alas. Con dos se cubrían los ojos. Con dos se cubrían los pies, y con las últimas dos volaban. Fueron creados para dar a Dios el nivel más alto de gloria que se le debe. No solo eso, sino que Dios diseñó y creó infinidad de ellos. Las Escrituras hablan de millares o legiones de ángeles. Una cantidad incalculable de ángeles fueron creados para facilitar los propósitos de Dios en su reino, es decir, para darle gloria. Y el ángel llamado Lucifer era el primero entre todos ellos. Era brillante, hermoso, poderoso y único. Si imaginamos a los ángeles en el cielo, antes de la creación del mundo, como automóviles en un concesionario, todos los ángeles estarían expuestos en la parte exterior, excepto Lucifer, que estaría expuesto en un lugar preferente en el sala de exhibición. Lucifer era la estrella brillante y luminosa. Su tarea consistía en dirigir a los ángeles en alabanza y adoración, entre otras cosas, todo para dar gloria a Dios. Pero, por supuesto, tú sabes el resto de la historia, que incluye su rebelión cuando él decidió establecer su propio reino.

Ezequiel nos dice que su corazón se llenó de orgullo por su belleza y que su sabiduría se corrompió a causa de su esplendor (Ez. 28:17). Isaías nos dice que él afirmó: "Seré semejante al Altísimo" (Is. 14:14). Satanás, entonces Lucifer, quería un ascenso para convertirse en gobernante de su propio reino. Lucifer no quería poner a Dios *primero*.

Como consecuencia, Lucifer perdió su destino. Su belleza se desintegró en la destrucción. Su milagro se convirtió en el desastre que amenaza cada día.

Satanás te proporciona la advertencia más fuerte sobre tu destino. Si estás buscando algo que deja a Dios fuera, o si estás tratando de montar un reino rival, no puedes esperar tener la bendición de Dios en ello. Dios te ha creado para sus propósitos y para el avance de su reino, y eso es lo que Él va a apoyar.

> Dios te ha creado para sus propósitos y para el avance de su reino, y eso es lo que Él va a apoyar.

Una canción popular de hace unas décadas se titulaba: "¿Qué tiene que ver el amor con esto?". Muchos creyentes están cantando hoy: "¿Qué tiene que ver Dios con esto?".

La respuesta es esta: todo. Cuando te das cuenta de que Dios tiene todo que ver con todo en tu vida, y cuando comienzas a ponerle en primer lugar en tus pensamientos, acciones, deseos, tiempo, talentos y tesoros, verás cómo se manifiesta su gloria y su plan en ti.

En exhibición para Dios

Mi lugar favorito para visitar es la ciudad de Nueva York. Me encanta Nueva York. Una de las tiendas más populares de esta ciudad está situada en la Quinta Avenida. Saks ofrece a los compradores una experiencia única de productos de alta calidad en un ambiente elegante y con clase. Las calles animadas y bulliciosas de Nueva York —llenas con el ruido del tráfico, la música de los escaparates, y la gente corriendo de un lado para el otro— no son nada comparadas con las salas de exposición tranquilas y serenas de Saks. Sin embargo, para que la gente de la calle entre en su tienda, Saks tiene que hacer algo para captar su atención.

Así que visten los maniquíes con lo mejor que tienen y los colocan en los escaparates luminosos. Exhiben esos maniquíes con el fin de ofrecer una representación visual de la tienda e invitar a entrar.

Amigo: Dios tiene un reino, y no es como este mundo. Su reino ofrece paz, satisfacción, orden y un destino maravilloso. Como su hijo, estás en este mundo por una razón. Cuando la gente te ve, deberían querer saber más acerca de Dios y de su reino. Deberían querer entrar. Tú debes brillar a la luz de su amor con suficiente intensidad como para que los demás dejen de hacer lo que estaban haciendo, dejen de ir a donde se dirigían, e interrumpan lo que estaban diciendo para darse cuenta cabal de este representante de otro reino.

Sin embargo, solo puedes hacer eso si pones a Dios primero. Si los que visten a los maniquíes en Saks insistieran en vestirlos con prendas de estilo y calidad menor, o incluso con sus propios diseños, ellos perderían sus empleos. Saks determina qué ropa representa mejor a su tienda, y eso es lo que ponen en los escaparates. Del mismo modo, Dios promueve y bendice aquello que mejor le refleja a Él. Te dice claramente que le busques *primeramente* a Él y su reino.

Cuando yo vivía en Baltimore, disfrutaba asistiendo de vez en cuando a los partidos del equipo de los Orioles. El béisbol es siempre un deporte divertido de ver. En un partido, en particular, sucedió algo muy interesante. Uno de los jugadores bateó lo que parecía un jonrón. La pelota se fue hacia la esquina izquierda del campo mientras él corría a la primera base, la segunda y tercera, y luego fue hacia el *home* para anotar la carrera. Pero, cuando llegó allí, le dijeron que se fuera porque cuando corrió a la primera, se olvidó de tocar la base.

En el béisbol, si se te olvida tocar la primera base... bueno, no importa lo que hagas después. Si pierdes la primera base, aunque toques la segunda base, tercera base, y hasta el *home*, e incluso si todo el mundo te felicita cuando llegas allí, estás todavía fuera. Si se te olvida lo que es lo primero, no importa lo que hagas después.

> Dios promueve y bendice aquello que mejor le refleja a Él.

Me gustaría retarte a cambiar algo en tu vida y ver cómo ese cambio transforma todo lo demás. A partir de este momento, pon a Dios en *primer* lugar en todo en tu vida. No porque esta sea su petición, sino porque es su demanda. Él te dice que, cuando lo hagas, "todas estas cosas os serán añadidas". Experimentarás la plenitud y el máximo potencial de lo que tú eres, junto con las bendiciones que Él tiene para ti al entrar en su plan para tu vida.

En la niebla

Una nadadora llamada Florence Chadwick fue la primera mujer que atravesó nadando el Canal de la Mancha desde Inglaterra hasta Francia, en ambas direcciones. En los inicios de su carrera, ella trató de nadar los aproximadamente 41.5 kilómetros desde la isla de Catalina a la costa de California. Ese día, le resultó especialmente difícil debido a una densa niebla. Después de más de 15 horas en el agua helada del Pacífico, Florence decidió dejarlo. Al no poder ver su destino, perdió la motivación y la fortaleza para continuar. Agotada, se subió al barco que iba detrás de ella. Cuando ya estaba en el barco le preguntaron por qué lo había dejado. Florence respondió que, con toda la niebla que había, desconocía qué distancia le quedaba aún por nadar. A menos de un kilómetro y medio de su destino, ella lo dejó porque perdió la esperanza en lo que no podía ver.

Florence era una competidora con una voluntad de hierro y no permitió que la derrota la venciera. Todo lo contrario, aprendió de su experiencia. Algunos meses después de abandonar, Florence decidió intentarlo de nuevo. Ese día, la misma niebla espesa cubría el agua y le bloqueaba la vista de la costa. Pero ella había aprendido de su experiencia y estaba decidida a no darse por vencida. Más tarde dijo que mentalmente se imaginó la costa de California durante todo el tiempo que nadaba. Con cada brazada, veía su destino. La visión mental de su destino la fortaleció para llegar hasta el final.

Amigo: este mundo es solo una niebla. Si te centras en este mundo, eso distorsionará tu perspectiva y retrasará tu progreso. Te informará mal sobre cuán avanzado estás realmente y te hará pensar que no estás tan cerca de tu destino como en realidad podrías estar. Centrarse en el mundo crea interferencia y no puedes escuchar lo que el Espíritu quiere decir a tu mente (Ro. 12:1-2).

Pero si centras tu mente en Dios y en su reino, verás a través de la niebla de este mundo. Llegarás a tu destino victoriosamente. Búscale primero a Él, y llegarás a tu meta. Es una garantía. *Todas* estas cosas te serán añadidas, incluyendo tu destino.

La razón fundamental 3

Dios es un Dios de propósito. Leemos en el libro de los Salmos que Él también es un Dios de planes: "El consejo de Jehová permanecerá para siempre; los pensamientos de su corazón por todas las generaciones" (Sal. 33:11). No solo eso, sino que Dios tiene un plan específico para ti. Jeremías 29:11, que examinaremos con más detalle en el último capítulo, dice: "Porque yo sé muy bien los planes que tengo para ustedes —afirma el SEÑOR—, planes de bienestar y no de calamidad, a fin de darles un futuro y una esperanza" (NVI).

Tú estás aquí por una razón. La tragedia es que la mayoría de la gente nunca consigue descubrir y vivir la razón por la que Dios les puso aquí en la tierra, y por eso viven vidas vacías, frustradas e irritadas.

A medida que exploramos este tema del destino, quiero darte seis razones de por qué es clave el descubrimiento de tu destino. Puede que quieras que yo me salte esta parte y vaya directamente al meollo de la cuestión de cómo encontrar tu destino. Pero no puedo decirte cómo encontrar tu destino hasta que estés primero convencido de que necesitas encontrarlo. Así que quiero sentar las bases para considerar por qué vivir tu destino es tan crucial. Vivir tu destino aborda seis áreas clave en tu vida: realización, dirección, estabilidad, significación, identidad y provisión.

Realización

Todos luchamos con algunos asuntos o retos en nuestra vida. Pero uno de los temas dominantes que nos afecta a muchos de nosotros es la falta de realización. Jesús nos dice en Juan 10:10: "Yo he venido para que tengan vida, y para que la tengan en abundancia". Una vida abundante es una vida que no es nula ni está vacía. Es la vida como estaba destinada a ser vivida: plena y satisfactoria. Una vida llena de significado.

Por el contrario, la falta de realización es una de las principales razones por las que las personas se suicidan o las parejas se divorcian. Otros recurren a mecanismos de supervivencia para llenar ese vacío en su interior, como trabajar demasiado, gastar mucho, ir de fiesta, ingerir demasiadas pastillas o beber con exceso. El vacío interior que hoy impregna la vida de muchas personas es debido a la falta de realización personal en las relaciones, la carrera, la espiritualidad u otros aspectos de la vida.

> La falta de satisfacción tiene que ver directamente con una percepción difusa de tu destino.

Amigo, la falta de satisfacción tiene que ver directamente con una percepción difusa de tu destino. Si no sabes cuál es tu destino o no trabajas para lograrlo o vivirlo, no te sentirás satisfecho, simplemente porque no has aprovechado la parte más auténtica de lo que eres. Cada vez que tienes que depender de fuentes artificiales de felicidad, energía, entusiasmo, pasión, visión y el resto, no estás utilizando y maximizando la parte más esencial de ti. Nada puede sustituir al hecho de vivir de la manera en que fuiste creado. Nada puede equipararse a vivir de forma verdadera de acuerdo a tu propio y único destino. Todo lo demás puede proveer satisfacción por un momento o en un nivel superficial, pero no te va a satisfacer de manera profunda y abundante en tu esencia misma, donde radica la verdadera realización.

Algunas personas piensan que encontrarán su realización si ascienden por la escala corporativa. Se imaginan que la encontrarán en la definición de éxito del mundo. Pero, trágicamente, cuando llegan a la cima, descubren que la escalera se apoyaba sobre la pared equivocada.

Demasiadas personas están viviendo vidas insatisfechas, simplemente porque no han aprovechado su singular razón de ser, su diseño personal y propio dado por Dios, su destino. No pueden decir: "Esto es lo que yo soy. Es por esto que estoy aquí. Es por esto que existo". Hasta que no consigas decir eso, tendrás que luchar para encontrar tu realización.

¿Por qué? Porque el éxito no es hacer más de algo que otros han hecho o hacerlo mejor de lo que otros lo han hecho. El éxito es hacer aquello para lo que fuiste creado para hacer. Tienes éxito cuando has llevado a cabo *tu* propósito, no cuando has llevado a cabo el propósito de otra persona, y no cuando has llevado a cabo lo que alguien quiere que sea tu propósito.

El éxito tampoco lo da el dinero. No es que tener dinero sea malo, no lo es. Pero tener dinero no es lo mismo que tener éxito porque el dinero es temporal, y tu vida no lo es. Tú eres eterno. Es probable que hayas visto la calcomanía para el parachoques que dice: "El que muere con más juguetes, gana". Por supuesto, eso es una mentira. Debiera decir: "El que muere con más juguetes, muere". Sin importar el número de juguetes que dejas atrás, cuando mueres estás muerto. La vida no se trata de lo que acumulas a este lado de la eternidad, tiene que ver con lo que acumulas para la eternidad.

> El éxito es hacer aquello para lo que fuiste creado para hacer.

Jesús te ofrece vida abundante. Pero, para obtener esa vida, tienes que estar conectado con el propósito eterno que Él tiene para ti. En Él y en su voluntad, encontrarás una realización verdadera y duradera.

No debemos sentirnos completamente satisfechos con el éxito de este mundo, ya que nunca podrá ofrecernos el verdadero significado de la vida. Cumplir con tu destino responde a la pregunta de tu significación.

Tenemos un gran número de solteros en nuestra iglesia, y he notado una diferencia entre las personas solteras miserables y los solteros que se sienten realizados y satisfechos. Los realizados viven su destino. Si eres soltero pero no estás viviendo tu destino, es probable que toda tu vida gire alrededor de alguien que crees que te va a completar. Por otro lado, cuando sabes quién eres y por qué estás aquí, tendrás una respuesta para la cuestión de tu significación.

Dirección

¿Has visto alguna vez a personas de mediana edad que todavía están tratando de averiguar quiénes son? No hay nada malo en hacer cambios en tu plan de estudios mientras estás en la universidad, pero, si eres un adulto de mediana edad y aún no has descubierto tu propósito, tienes trabajo por hacer. Conocer tu propósito te dará la dirección que te puede llevar a tu destino señalado.

Pablo escribió acerca de este tema a la iglesia de Corinto. "Así que, yo de esta manera corro, no como a la ventura; de esta manera peleo, no como quien golpea el aire" (1 Co. 9:26). En otras palabras, él no andaba por ahí sin rumbo dando vueltas en círculos. Pablo tenía una dirección clara para su vida. Por tanto, él fue capaz de alcanzar su meta deseada y cumplir con su destino.

En mi iPhone hay una aplicación llamada "Mapas". Ahí puedo indicar mi ubicación actual y cualquier destino, y la aplicación me muestra en segundos una ruta que me llevará a mi destino. Sin embargo, si abro Mapas e indico mi posición actual, pero luego no escribo mi destino deseado, la aplicación no puede proporcionarme una respuesta al apretar el botón de ruta. Sin un destino, Mapas no puede responder con direcciones. No me puede proporcionar una ruta si no digo a dónde quiero ir.

Después de abordar un avión, pero antes de despegar, la azafata o el piloto anunciarán a dónde se dirige el vuelo. Ellos confirmarán el destino previsto. Si alguna vez te encuentras en un vuelo a St. Louis, pero planeabas ir a San Francisco, tienes que desembarcar por una sencilla razón: el piloto va a St. Louis, te guste a ti o no. Si estás en el vuelo equivocado, tú eres el que tienes que rectificar y bajar, porque el plan de vuelo del piloto y el destino están establecidos.

Amigo, si no sabes hacia dónde te diriges, no puedes conocer la ruta o el plan de vuelo que te llevarán hasta allí. En vez de ir por la vida con un destino previsto, irás de aquí para allá como una pelota en una máquina de *pinball*. Irás probando esto, aquello y lo otro, con la esperanza de que algo te llevará a un buen lugar. En vez de tomar el camino más recto hacia tu destino, irás divagando. Cualquier persona que ha vagado sin rumbo sabe que se pierde una gran cantidad de tiempo yendo de aquí para allá.

Cuando vivimos sin rumbo, no sabemos tomar decisiones claras. La vida está llena de ambigüedad. ¿Debo aceptar ese trabajo? ¿Y si me mudara allí? ¿Me conviene salir con esa persona? ¿O casarme con aquella? ¿Debo ofrecerme como voluntario en esa capacidad? ¿Quieres de verdad pasar tu tiempo de esa manera? Tener un rumbo claro es importante, y conocer tu destino previsto te ayudará a responder a estas preguntas de manera inteligente. Sin una dirección clara para seguir, la vida es impredecible.

Estabilidad

Un sentido claro de tu destino hace que tu vida sea estable y las circunstancias no controlen tus emociones o decisiones. Si no tienes claro cuál es tu propósito, las situaciones pueden llegar a agobiarte. Si algo difícil o retador surge en el trabajo, es posible que desees tirar la toalla y abandonar. O si alguien tiene un mal día y actúa o habla de una manera que no debería, puede que nunca más quieras hablar con él. Puedes estar seguro de una cosa en la vida: algo siempre saldrá mal. Las circunstancias difíciles siempre aparecerán. La pregunta es, ¿qué vas a hacer frente a esas circunstancias? ¿Vas a renunciar, o las soportarás con una perspectiva positiva porque sabes que estás rumbo a tu destino?

Cuando tienes claro cuál es tu propósito, no vas a permitir que las circunstancias determinen tus decisiones. Eso no quiere decir que a veces no te sentirás desanimado, decepcionado o irritado. Más bien significa que tus decisiones estarán guiadas por tu propósito independientemente de cómo te sientas. Y, afortunadamente, cuando empiezas a actuar de esa manera en tus decisiones y cumplir con tu propósito, tus sentimientos también recuperarán el tiempo perdido.

El apóstol Pablo es un excelente modelo de estabilidad por medio de un firme sentido de propósito. Pablo fue uno de los hombres de la Biblia que más sufrió abusos. En su segunda carta a la iglesia de

> Cuando tienes claro cuál es tu propósito, no vas a permitir que las circunstancias determinen tus decisiones.

Corinto, habla de naufragios, penurias, palizas… un desastre tras otro. Pero después de enumerar las dificultades, que a la mayoría de nosotros nos hubieran llevado a abandonar, Pablo dice, en esencia: "Estoy bien". Dice eso porque estaba viviendo su propósito eterno en Cristo y no se desanimaba por nada (2 Co. 4:16). Pablo se mantuvo estable a pesar de la inestabilidad a su alrededor, porque sabía cuál era su destino y estaba comprometido a cumplirlo.

En su carta a la iglesia en Roma, habla de tribulación, angustia, peligro… pero entonces él concluye su larga lista de circunstancias negativas y retadoras con esta declaración de confianza en la estabilidad: "Antes, en todas estas cosas somos más que vencedores por medio de aquel que nos amó" (Ro. 8:37).

A primera vista, Pablo parece estar contradiciendo todo lo que acababa de mencionar en la lista. Pero él estaba diciendo que su posición, su destino en Cristo, anulaba sus circunstancias.

Cuando estás viviendo tu destino, incluso en tu peor día, todavía tienes un propósito, y todavía estás decidido a perseguirlo y cumplirlo. Estás en el centro de lo que Dios quiere que hagas, por lo que sigues adelante. El destino te da estabilidad, y la estabilidad fomenta la perseverancia.

Significación

Lois (mi esposa) y yo viajamos por Italia no hace mucho tiempo, y uno de los museos que visitamos mostraba muchas de las obras inacabadas de Miguel Ángel. Este museo exhibía una obra tras otra de esculturas incompletas. Algunas de ellas mostraban solo un brazo o un pie o un hombro. Algunas estaban casi terminadas, y otras apenas estaban iniciadas. Mientras caminaba por ese museo mirando una estatua tras otra sin terminar, me puse a pensar en el cielo. Muchos de nosotros vamos a ir al cielo un día y compareceremos delante de Dios sin haber cumplido con nuestro propósito. Seremos como una de esas esculturas sin terminar porque nunca permitimos a Dios que esculpiera su completo diseño en nosotros.

Otras obras de Miguel Ángel se exhiben prominentemente en los museos de élite de todo el mundo, pero todo lo que quedó inacabado pasó a un olvidado museo en Italia. Era un espectáculo raro, simplemente, porque esas obras sin terminar nunca llegaron a su máxima potencial. Al carecer de importancia, se quedaron sin nombre, sin que nadie las reclamara y, en comparación con las obras terminadas, eran invisibles.

Amigo, tú significas mucho. Tú eres importante. Tu destino importa. Dios tiene un plan para ti que no solo te afecta a ti, sino que, como con todas las bendiciones, repercute en otros también.

Puede que no te sientas importante. Quizá preferirías ser diferente de cómo eres —otro género, otra estatura, otra raza— pero Dios te hizo a propósito del sexo, la raza, y la altura que tienes. Dios ha dispuesto o permitido todas las experiencias en tu vida —lo bueno, lo malo y lo amargo— para ayudar a que se cumpla tu destino. Eres lo que eres para que puedas cumplir con tu destino. Es por eso que tú eres del género y de la raza que eres. Por eso tienes la inteligencia que posees; es para cumplir tu destino.

Tú eres significativo. No dejes que la evaluación que hace la cultura de lo que es importante te prive de ser cincelado en la magnífica obra maestra que Dios quiere que seas. ¿Quién sabe qué obra inacabada podría haber recibido más elogios que el *David* de Miguel Ángel si hubiera sido completada? ¿Quién sabe qué obra maestra permanece aprisionada en un bloque de piedra con su importancia y significado ocultos a la vista?

Descubrir y cumplir tu destino destapa tu pleno valor y significado para que todos lo vean.

Identidad

Todos somos hoy vulnerables a un delito terrible: el robo de identidad. Escuchamos advertencias al respecto en la televisión de forma rutinaria. Es probable que hayas recibido ofertas en el correo que prometen mantener tu identidad segura. El robo de identidad tiene lugar cuando otra persona se hace pasar por ti, y usa tu información personal y privada para acceder a tus recursos sin tu permiso. Estas personas quieren obtener tu número de seguro social, los números de tus tarjetas de crédito y otra información que les permita robarte.

La gente causa estragos cuando abusa de tu identidad. A menudo, antes de que tú te percates de lo que ha ocurrido y puedas detenerlo, el ladrón ya ha destruido varios aspectos de tu vida. Puede robar tu dinero, meterte en deudas y hundir tu calificación crediticia. Al usurpar tu identidad, los ladrones consiguen obtener acceso a lo que tú tienes.

El robo de identidad tiene un paralelismo en el reino espiritual. El maligno busca robar lo que Dios ha ordenado para ti. Destruye tu identidad. En Juan 10:10, Jesús dice claramente: "El ladrón no viene sino para hurtar y matar y destruir; yo he venido para que tengan vida, y para que la tengan en abundancia". El ladrón quiere robar y destruir lo que Jesús vino a dar: vida. Satanás quiere arruinar tu vida mediante la confiscación de tu identidad en Jesucristo.

La gente invierte hoy una gran cantidad de tiempo y energía tratando de descubrir quiénes son. Van en misiones para tratar de encontrarse a ellos mismos de algún modo. El problema es que nuestra identidad ya ha sido trastornada por muchas cosas. Algunos de nosotros fuimos criados en situaciones que distorsionaron la manera en que pensamos acerca de nosotros mismos y de los demás. Algunos hemos tenido experiencias negativas con personas —amigos, esposos, compañeros de trabajo— que han afectado la forma en que percibimos quiénes somos. Los medios de comunicación constantemente nos inundan con nuevas definiciones de nosotros mismos. De hecho, muchas personas están tan confundidas acerca de su identidad que acuden a los profesionales y pagan cientos de dólares para que les digan quiénes son.

Sabes que has perdido el contacto con tu identidad personal, cuando pasas tiempo deseando ser otra persona. Si estás haciendo eso, significa que no sabes quién eres o no crees que eres importante. La gente gasta mucho dinero en ropa con la esperanza de que su apariencia refuerce su identidad. Si escuchan a alguien decir: "Eres bella" o "Eres guapo", se sienten como si fueran alguien. Pero, al igual que un maniquí en una boutique de ropa fina y de moda, puedes verte bien pero no tener vida. Puede que simplemente estés en el escenario por un momento, pero no estás viviendo tu destino en la vida abundante que Cristo Jesús vino a dar.

Este problema con la identidad personal ha causado una gran cantidad de caos en el mundo hoy, porque la gente dedica mucho tiempo, dinero y energía a la búsqueda de quiénes son. Pero si no sabes quién eres, y comienzas a buscar tu identidad, ¿cómo sabrás cuándo la encuentras?

La nueva creación

Pablo nos dice en su carta a la iglesia de Corinto exactamente quién eres como un creyente en Jesucristo:

> De manera que nosotros de aquí en adelante a nadie conocemos según la carne; y aun si a Cristo conocimos según la carne, ya no lo conocemos así. De modo que si alguno está en Cristo, nueva criatura es; las cosas viejas pasaron; he aquí todas son hechas nuevas (2 Co. 5:16-17).

Cuando Pablo dice: "A nadie conocemos según la carne", está diciendo que no evaluamos las cosas simplemente por su apariencia física, externa. Ese no es el criterio que usamos para evaluar a los demás, ni tampoco para evaluarnos y conocernos a nosotros mismos. Más bien, lo que queremos saber y entender es la esencia auténtica, la verdadera naturaleza de un individuo (o la nuestra propia).

Al ser un creyente en Jesucristo, tu esencia auténtica es una creación completamente nueva. Has sido recreado en Jesucristo. Él no se limitó a realizar un trabajo de reparación en tu "yo pecador", sino que depositó una esencia completamente nueva dentro de ti. Una mariposa no es un gusano de seda remendado. Tampoco es un gusano al que le hicieron algo de cirugía en su cuerpo. Una mariposa es una creación completamente nueva que ha venido del gusano.

> Al ser un creyente en Jesucristo, tu esencia auténtica es una creación completamente nueva.

Cada uno de nosotros tiene una creación completamente nueva en nuestro interior; pero no podemos obligarla a salir, y no podemos usarla para reparar o arreglar la que tenemos. No, nosotros experimentamos la forma más nueva y verdadera de nuestro propio destino personal al permanecer en Cristo Jesús.

¿Qué pensarías si una mariposa pudiera hablar, y dijera: "Bueno... en realidad, solo soy un gusano". Probablemente pensarías que es una mariposa confundida porque ya no es un gusano. La mariposa no experimentará su propio destino en toda su plenitud hasta que se identifique a sí misma de forma correcta.

Tu identidad determina tu futuro. En otras palabras, si te defines a ti mismo de manera inexacta, funcionarás incorrectamente.

Cuando dos hombres se encuentran por primera vez, a menudo se preguntan el uno al otro: "¿Qué haces? ¿En qué trabajas?". Esa pregunta es habitual simplemente porque los hombres se definen a menudo por su trabajo. Atribuyen su identidad a lo que hacen. Es por eso que la jubilación es a menudo difícil para los atletas profesionales. Muchos caen en una profunda depresión, porque aquello en lo que habían volcado su vida e identidad durante tantos años ha desaparecido. Tienen que redescubrir quiénes son, porque su deporte era su identidad. Ellos habían quedado definidos por su función en la sociedad.

Sin embargo, Pablo dice que no debemos vernos el uno al otro ni a nosotros mismos de esa manera. Dentro de cada uno de nosotros hay una creación nueva. Con mucha frecuencia, demasiadas voces nos dicen quiénes somos, y muchas cosas están tratando de definirnos. Sin embargo, solo Dios puede definir quiénes somos. Pablo nos dice esto mientras continúa en su carta a la iglesia de Corinto: "Y todo esto proviene de Dios" (2 Co. 5:18). Cuando escribe "todo esto", Pablo se está refiriendo a lo que acaba de declarar: "He aquí todas son hechas nuevas". Se está refiriendo a la nueva creación.

> Tú ya no estás definido por las cosas viejas que han pasado, sino más bien por las cosas nuevas que han venido de Dios.

Tú ya no estás definido por las cosas viejas que han pasado, sino más bien por las cosas nuevas que han venido de Dios. Si quieres saber quién eres, debes dejar que Él te lo diga, porque Él es el que te ha dado las cosas nuevas en tu nueva creación.

Cuando vinculas tu identidad con tu antiguo ser, te defines por fuentes erróneas, incluyendo tu propia opinión de lo que eres. Esa es la razón de por qué experimentamos tantas malas relaciones: llevamos los viejos problemas a la nueva relación. Si tu papá te dijo lo que significaba ser un hombre o un esposo, pero él era un desastre, tu comprensión de lo que significa ser un hombre o un esposo tampoco irá bien. Lo mismo es cierto en relación con las hijas y las madres. La manera más segura de destruir cualquier oportunidad de vivir tu destino es estar confundido acerca de lo que significa ser lo mejor que puedes ser. Si funcionas según la carne, que ha sido trastornada por el pecado, las circunstancias, la historia, y todo tipo de otras cosas, esto te desviará y no podrás realizar tu destino.

Es posible que ahora mismo tú no estés viviendo tu destino porque has estado definiendo tu identidad por la carne y no por la nueva creación puesta en ti a través de Jesucristo. En Hechos 17, Pablo nos da una idea de lo que abarca esta realidad:

> El Dios que hizo el mundo y todas las cosas que en él hay, siendo Señor del cielo y de la tierra, no habita en templos hechos por manos humanas, ni es honrado por manos de hombres, como si necesitase de algo; pues él es quien da a todos vida y aliento y todas las cosas. Y de una sangre ha hecho todo el linaje de los hombres, para que habiten sobre toda la faz de la tierra; y les ha prefijado el orden de los tiempos, y los límites de su habitación; para que busquen a Dios, si en alguna manera, palpando, puedan hallarle, aunque ciertamente no está lejos de cada uno de nosotros. *Porque en él vivimos, y nos movemos, y somos* (Hch. 17:24-28).

Dios ha determinado tus tiempos y límites. Él ha puesto tu destino en movimiento. Ha creado algo nuevo dentro de ti, y puedes encontrar tu destino mediante tu conexión con Él. "En él", tú vives, y te mueves, y eres. Tu verdadera identidad proviene de permanecer en Dios y de cumplir lo que Él ha destinado para ti. En otras palabras, cuando descubres quién es Él, descubrirás quién eres tú. Si ignoras quién es Él en ti, nunca descubrirás plenamente lo que tú eres. Como resultado, vivirás probando y tanteando a medida que intentas encontrarte de alguna manera a ti mismo.

Simiente incorruptible

Descubres quién eres cuando descubres quién es Él mientras actúa en ti. Descubres quién eres cuando reconoces la nueva creación dentro de ti. Cuando confiaste en Jesucristo para tu salvación, Dios depositó su vida dentro de ti en forma de espíritu. Él depositó su semilla viva. Leemos en 1 Pedro: "siendo renacidos, no de simiente corruptible, sino de incorruptible, por la palabra de Dios que vive y permanece para siempre" (1 P. 1:23).

Tu nueva identidad en Cristo fue sembrada en ti en forma de semilla. Santiago escribe sobre esta semilla que llegó a través de la Palabra de Dios: "recibid con mansedumbre la palabra implantada, la cual puede salvar vuestras almas" (Stg. 1:21).

La nueva semilla plantada en ti cuando fuiste salvo vino con la posibilidad de crecimiento. Para que esa semilla alcance su destino, necesitas crecer. Por ejemplo, si una semilla de sandía no crece, nunca alcanzará su posibilidad de ser una sandía. O si una bellota nunca crece, nunca será un roble. Muchos creyentes no están viviendo la manifestación más auténtica de su destino porque la semilla de la nueva creación dentro de ellos no está creciendo. Sí, van al templo, leen sus Biblias y practican una serie de actividades espirituales, pero su destino está en la semilla. No está en las actividades. El ADN de tu destino se ha plantado dentro de ti, y la única manera de vivirlo es mediante el crecimiento de la nueva creación dentro de ti. La vida de Cristo debe ser manifestada en tu propia vida.

Digamos que yo tengo una semilla de sandía en mi mano, y quiero que crezca con el fin de tener sandías. Así que decido orar a favor de mi semilla de sandía: "Padre, oh gran Creador de sandías, tengo una semilla en mi mano, y te pido que hagas algo con esta semilla para que yo pueda tener sandías. Por favor".

Después de orar, llamo a otras personas para que se unan conmigo mientras sigo con mi semilla de sandía y hacemos la misma oración de nuevo. Así que unimos nuestras manos y oramos.

A continuación, decido que vamos a abrir nuestras Biblias y leer lo que las Escrituras dicen acerca de cómo Dios creó las plantas de la tierra y cómo creó esta semilla de sandía. Nos reunimos y leemos la Biblia.

Después de leer en la Biblia acerca de la semilla de sandía, decido llevar mi semilla de sandía al templo y la pongo sobre un asiento de la primera fila, y predico sobre esa semilla de sandía, diciéndole que yo quiero que se convierta en una sandía.

Ahora todo está dicho y hecho. He orado a favor de mi semilla de sandía, he leído lo que dice la Biblia acerca de mi semilla de sandía, y he llevado mi semilla de sandía al templo. Sin embargo, nada ha cambiado con mi semilla de sandía porque realicé actividades religiosas sin ponerla en la tierra. Con el fin de que la semilla crezca, tiene que ser depositada en la tierra para facilitar su crecimiento.

Permanecer

Tu nueva creación, la nueva semilla sembrada en ti, crecerá en la tierra fértil de la relación con Jesucristo en el marco de su Palabra. A esto se le llama *permanecer*. Permanecer en algo significa pasar el rato con ello o estar a su alrededor. Con el fin de experimentar realmente todo lo que Dios ha preparado para ti, necesitas dedicar tiempo a estar con Aquel que tiene tu destino en sus manos.

En el Evangelio de Juan, Jesús nos habla de uno de los secretos para alcanzar nuestro destino: "Permaneced en mí, y yo en vosotros. Como el pámpano no puede llevar fruto por sí mismo, si no permanece en la vid, así tampoco vosotros, si no permanecéis en mí" (Jn. 15:4). Cuando tu identidad está conectada a Jesucristo y a la nueva vida que Él ha plantado en ti, eres capaz de llevar a cabo todo lo que Dios tiene destinado para ti. Jesús continuó: "Si permanecéis en mí, y mis palabras permanecen en vosotros, pedid todo lo que queréis, y os será hecho" (v. 7).

Cristo en ti provee la tierra fértil para que tu semilla de vida nueva pueda nutrirse y crecer. Cuando permaneces en esa relación con Jesús, el desarrollo viene de forma natural. No tienes que hacer que las cosas se ajusten a ti. Con la semilla correcta en el suelo apropiado y el agua de la Palabra, tú crecerás en tu destino.

Provisión

Por último, la provisión de Dios está vinculada directamente con tu destino. Dios siempre provee para lo que Él destina. Si tú no estás experimentando su provisión, plantéate si estás caminando en tu destino. Dios no está obligado a proveer las cosas que necesitas para llegar a un destino que tú mismo has fijado. Él está obligado a proveer únicamente para el destino que Él ha diseñado para ti.

Cuando Jonás se embarcó en una nave rumbo a Tarsis para huir de Dios y de su propósito para él (predicar en Nínive), tuvo que pagar su propio pasaje. Jonás tuvo que pagar su propia factura. Tuvo que cuidar de sí mismo. Tal es el caso cuando nos arriesgamos a irnos lejos del propósito de Dios para nuestras vidas.

La provisión de Dios para Sara y Abraham estaba claramente vinculada a su propósito para ellos. Dios les dijo a ambos que su propósito para sus vidas era engendrar un hijo. Ese hijo sería el canal por medio del cual Dios bendeciría a toda la humanidad. No obstante, Sara y Abraham no vieron cómo Dios podría cumplir su promesa. No podían imaginar cómo Dios iba a proveer, por lo que supusieron que no podría hacerlo. Debido a esto, tomaron el asunto en sus propias manos, y Abraham tuvo un hijo con Agar, la sirvienta de su esposa.

Si Sara y Abraham hubieran puesto su fe en la promesa de Dios y en su capacidad para cumplir esa promesa, los israelitas no hubieran tenido que experimentar todo el caos que ha venido a través de Ismael y sus descendientes.

Por otro lado, siglos más tarde, Elías tomó la palabra a Dios y confió en su poder para proveer lo que necesitaba para cumplir el llamamiento que Él le había dado. Un día Dios usó los cuervos para proporcionarle alimentos; otra vez le proveyó por medio de una viuda en Sarepta. A pesar de que Dios proveyó por medio de diversas fuentes, Elías fue fiel en hacer lo que Dios se había propuesto. Elías sabía que Dios proveería para él a lo largo del camino.

Dios proveerá todo lo que necesitas —económica, emocional y espiritualmente— para llevar a cabo lo que Él te ha llamado a hacer. Mantén tus ojos abiertos para su provisión, porque esta no siempre viene de la manera en que podrías esperarla. Él tiene un propósito para tu vida y, a medida que vives ese propósito, Él proveerá todo lo que necesitas en la mejor forma posible.

———————■———————

Descubrir y vivir tu destino es crucial porque satisface tus necesidades de realización, dirección, estabilidad, significación, identidad y provisión. Al tener claridad sobre tu llamamiento —cuando tienes una idea clara de tu propósito—también recibirás todo lo que necesitas para llevarlo a cabo. Puede que Dios no siempre llame al que está equipado, pero Él siempre equipa al que llama. Él te dotará de todo lo que necesitas —espiritual, mental, emocional, relacional, financieramente, y más— cuando vives tu destino.

La plenitud

4

Muchos cristianos están viviendo hoy vidas descafeinadas. La energía, el entusiasmo y el poder parecen haber desaparecido. O más bien, estos creyentes son como hámsteres en una rueda siempre en movimiento pero que nunca llegan a ningún sitio, pasando sus días, noches, semanas, meses y años en ciclos sin fin y sin sentido.

¿Te has metido alguna vez en el auto para ir a dar una vuelta un domingo? Yo reconozco que me gusta conducir. No me importa hacer un viaje atravesando el país o desde Dallas a Baltimore para visitar a mis padres. Pero meterme en el auto para, simplemente, pasar el tiempo dando vueltas sin la intención de ir a ninguna parte... bueno, eso es algo que es difícil que yo lo disfrute plenamente. Mi padre solía llevarnos a los cuatro hijos y a mi madre a pasear en auto los domingos. Estos viajes pronto dejaron de entusiasmarnos porque no teníamos ningún plan, ningún propósito, ni destino. No llegábamos a ninguna parte porque no teníamos a dónde ir.

Esa mentalidad de domingo hace que demasiados cristianos vivan sin un sentido de trascendencia. Sienten como si no importaran, simplemente porque no han descubierto cuánto importan de verdad.

Como vimos en el primer capítulo, tu destino es el llamamiento personalizado que Dios ha diseñado para tu vida, y Él te ha equipado para llevarlo a cabo a fin de que Él reciba la mayor gloria y su reino alcance su máxima extensión.

Vivir sin cumplir con tu destino es ser similar al Mar Muerto en Israel. Existe, pero nada puede vivir allí. Los peces no pueden nadar allí. Nada puede crecer allí. De hecho, ni siquiera podrías nadar en el Mar Muerto; lo mejor que podrías hacer es flotar. Su superficie queda a 462 metros bajo el nivel del mar —es la tierra habitada más baja del planeta— de modo que el agua entra, pero no puede salir. Demasiadas personas están viviendo vidas de Mar Muerto, sin salidas y sin corriente. Sufren de un estancamiento perpetuo porque han perdido de vista el valor de cumplir con su destino. O, si cambiamos la metáfora, demasiadas personas dedican mucho tiempo a ganarse la vida, pero muy poco tiempo a construir y vivir una vida. Debido a eso, sufren de lo que yo llamo la "misma-vieja" enfermedad.

Todos los días te levantas de la misma vieja cama y vas al mismo viejo baño para mirar en el mismo viejo espejo la misma vieja cara. Después vas al mismo viejo armario y pones la misma vieja ropa en el mismo viejo cuerpo. Luego te comes el mismo viejo desayuno en la misma vieja mesa y luego te metes en tu mismo viejo auto para ir a tu mismo viejo lugar de trabajo. Después de trabajar todo el día junto a las mismas viejas personas y por el mismo viejo sueldo, te metes de nuevo en tu mismo viejo auto y conduces por el mismo viejo camino de vuelta a la misma vieja casa. Más tarde, echas mano del mismo viejo control remoto, te sientas en el mismo viejo sillón y ves los mismos viejos programas hasta que te vas otra vez a la misma vieja cama y te despiertas al día siguiente para repetir otra vez la misma vieja rutina.

> El poder de Dios está ligado a su propósito divino.

Demasiadas personas se conforman con una vida normal y corriente en vez de una vida extraordinaria.

No me malentiendas. No estoy diciendo que haya algo malo en tener una rutina. Más bien estoy diciendo que algo anda mal si tu rutina no está ligada a tu destino. Por desgracia, para muchas personas, la rutina está ligada únicamente a existir y no a su destino. Han tratado de determinar su propio destino en vez de buscar a Dios para el destino que Él tiene para su vida. Como resultado, carecen del poder para darle gloria y cooperar con Él en la expansión de su reino. Con el tiempo, eso lleva a la frustración y la decepción. Por último, dejan de intentarlo, dejan de tener esperanza, dejan de creer.

El poder de Dios, sin embargo, está ligado a su propósito divino. No está ligado a lo que tú quieres que sea o piensas que debería ser tu propósito. Camina en su propósito y contarás con su poder. Camina por tu cuenta, y no lo tendrás.

Un destino creado

Ningún fabricante diseña y fabrica un producto y luego le pregunta al producto para qué lo hizo. Lo creado no puede decir al creador cuál debe ser su propósito.

Supongo que, mientras lees esto, llevas puesto un par de zapatos o los usarás en algún momento del día. Si preguntaras a tus zapatos cuál es su propósito, ¿te lo dirían? No, solo el diseñador y fabricante de zapatos puede decir por qué fueron hechos.

A veces las personas no pueden encontrar su destino y vocación porque están tratando de decirse a sí mismos por qué han sido llamados. Están tratando de autodefinir su propio llamamiento. Pero hay que tener en cuenta que un llamamiento supone siempre que alguien llama. Si tu teléfono suena, quiere decir que alguien te está llamando. Tú no te llamas a ti mismo.

Entender que Dios es el que llama y tú eres el destinatario de la llamada es uno de los pasos fundamentales para vivir tu destino. Dios es el diseñador y tú eres el diseño. Dios es el Creador y tú eres la criatura. Eso significa que tú no puedes descubrir tu destino fuera de Dios. Es imposible.

Hoy día, muchas familias experimentan conflictos debido a que los miembros de la familia no conocen su destino. Cada vez que personas frustradas o decepcionadas se juntan en la misma casa, y se acumulan las pruebas y dificultades normales de la vida, los conflictos son inevitables.

Esta es también la gran diferencia entre el soltero exitoso y el soltero derrotado. El primero conoce su propósito, y, el segundo, no. Aquellos que no conocen su propósito pueden pensar que todo en la vida consiste en buscar a un hombre o una mujer que los complete. Un cónyuge es una parte muy importante de nuestra vida, pero a menos que tú, para empezar, puedas ofrecerle a tu futuro cónyuge una persona completa, tú le estas estafando en la relación. Vas a tratar de hacer que esa persona cumpla con un papel que él o ella nunca podrá cumplir: darte a ti significado.

Si eres soltero, tu futuro cónyuge puede ser "todo eso y algo más", pero él o ella no es Dios, él o ella no es tu Creador. Y él o ella no determina el destino que Dios tiene para ti.

Dios dice en el libro de Jeremías: "Antes que te formase en el vientre te conocí, y antes que nacieses te santifiqué, te di por profeta a las naciones" (Jer. 1:5). Dios no dice: "Antes de que tu futuro cónyuge te formara en el vientre..." Dios te formó. Dios te conoció. Dios te ha consagrado. Y Dios te ha nombrado. Tu destino está ligado a tu Creador.

Un destino personalizado

Dios no solo crea tu destino, sino que también lo personaliza para ti. Nadie más tiene tu destino, solo tú. Una vez que te des cuenta de esa verdad, verás la necedad de tratar ser otra persona. ¿Por qué, pues, de todos modos quieres ser otra persona? Dios ya tiene uno de ese tipo. Si tú te conviertes en otro, Dios no tiene uno como tú.

> Nunca te sentirás más vivo que cuando estás llevando a cabo el destino diseñado específicamente para ti.

Y lo más importante, nunca te sentirás más vivo que cuando estás llevando a cabo el destino diseñado específicamente para ti. A pesar de que ahora tengo sesenta años, cuando predico, todavía me siento lo suficientemente joven como para enfrentar al mundo. Un miembro de la iglesia me dijo una vez que me avivo cuando subo al púlpito. (Confío en que eso no fuera solo una bonita manera de decir que soy aburrido cuando no estoy en el púlpito). Allí me siento completamente vivo porque estoy cumpliendo mi destino.

De hecho, antes de que pastoreara una iglesia, yo hacía todo lo que podía para cumplir mi destino. Desde que cumplí los 18 años y Dios me llamó a predicar, me podías ver predicando en todas partes. A veces me subía a la parte trasera de un automóvil o camión estacionado para que mi voz se oyera mejor, y solía empezar a predicar a todo el que pasaba por allí. También podías encontrarme con regularidad en las paradas de autobús, predicando a la gente cuando bajaban del autobús.

No me importaba que, de vez en cuando, se burlaran de mí. Una vez, hasta un policía me preguntó qué hacía. No me importaba porque yo sabía cuál era mi llamamiento. Yo no conocía muchos temas de sermones a la edad de 18 años. Básicamente, tenía un sermón: arrepiéntanse y conviértanse a Cristo. Pero prediqué ese mismo sermón una y otra vez porque, como escribió Pablo: "¡Ay de mí si no anunciare el evangelio!" (1 Co. 9:16). Mi vocación ha sido y es el fuego en mis huesos que me impulsa a predicar.

Amigo, si tú no buscas y vives tu destino, pasarás toda tu vida deseando ser otra persona y tratando de ser alguien que no eres. Si no eres feliz con lo que eres, todavía no has descubierto quién te creó Dios para que fueras.

Al igual que tus huellas dactilares y tu ADN, tu destino es exclusivamente tuyo. Esa verdad debiera influir en la manera en que ves y respondes a las situaciones y sucesos.

La historia bíblica de Ester es acerca de una mujer hermosa. Dios usó la belleza de Ester y su trasfondo para llevar a cabo su destino para su vida. Debido a su belleza, Ester fue elegida por el rey Asuero como su nueva esposa. Sin embargo, una vez que ella se trasladó al palacio, el malvado Amán tramó la manera de destruir al pueblo judío. No obstante, Esther, por lo que parece, se había acostumbrado tanto a su nueva y lujosa forma de vida que ya no tenía ganas de arriesgarlo todo con el fin de ayudar a su pueblo. Mardoqueo, el primo de Ester, puso remedio a la situación al recordarle cuál era su propósito:

> No pienses que escaparás en la casa del rey más que cualquier otro judío. Porque si callas absolutamente en este tiempo, respiro y liberación vendrá de alguna otra parte para los judíos; mas tú y la casa de tu padre pereceréis. ¿Y quién sabe si para esta hora has llegado al reino? (Est. 4:13-14).

En otras palabras: "Esther, tu ascenso al palacio tenía un propósito, y no era solo para librarte a ti de lo que vendría. Ser bella tenía un propósito, y no se trataba solo de enamorarse. Dios te puso en una posición estratégica en un momento estratégico para cumplir un propósito estratégico que implica algo más que tener un armario lleno de vestidos lujosos".

Ester tenía que ver su vida en términos de su destino, no solo en términos de su dinero, posición, imagen, casa y relaciones. Ella tenía que pensar en su razón de ser en relación con el reino de Dios y su agenda.

Las personas que son serias en cuanto al cumplimiento de su razón por estar viviendo en la tierra aprenderán a considerar toda la vida con las intenciones de Dios en mente. Esa visión del mundo impactará sin duda en sus decisiones.

Un destino integral

A mi hija Chrystal le encanta hacer rompecabezas. Cuando era niña, muchas veces pasaba horas montando complejos rompecabezas. Hoy, como esposa y madre de cinco hijos, todavía los hace cuando dispone de tiempo.

Tener solo una pieza de un rompecabezas no ayuda mucho. Un rompecabezas está incompleto con una sola pieza. La pieza pertenece a algo mucho más grande y completo. Sin la parte más grande a la que pertenece, esa pieza sola pierde su significado.

Lo mismo es cierto en cuanto a muchos cristianos hoy. Viven con sentimientos de insignificancia porque no pueden ver cómo se relacionan con el rompecabezas mucho más grande e integral del propósito de Dios. Tú puedes ser una pieza de lujo, una pieza bonita, una pieza de buen ver, o una pieza bien hecha, pero hasta que te conectes con el mayor significado para el que fuiste creado, eres solo una pieza y sin una imagen completa.

> El cumplimiento de tu destino incluye hacer el tipo de cosas que manifiestan la presencia de Dios en un grado mayor.

Como hemos visto, este es el significado mayor: Dios nos ha creado para darle a Él la mayor gloria y lograr la máxima expansión de su reino por medio del impacto de nuestras buenas obras. Las buenas obras son las actividades autorizadas en la Biblia que benefician a las personas en el tiempo y la eternidad, y que le dan el reconocimiento a Dios. Si eres cristiano, tu destino logrará ambas cosas. El reino de Dios es su gobierno integral sobre toda su creación. El cumplimiento de tu destino incluye hacer el tipo de cosas que manifiestan la presencia de Dios en un grado mayor.

Cada cristiano es una parte del reino de Dios y una pieza en el rompecabezas de la vida de Dios. El avance del reino de Dios no es solo la tarea de los ministros o evangelistas profesionales. Es para todos. Como un hijo del rey, has sido "librado de la potestad de las tinieblas, y trasladado al reino de su amado Hijo" (Col. 1:13). Eso significa que todo lo que haces ahora se ha convertido en actividad del reino, incluso si una vez lo consideraste como algo secular. No hay distinción entre lo secular y lo sagrado cuando eres una persona con mentalidad del reino. Todo es sagrado para los que viven bajo el gobierno general del Rey en su reino.

Si eres una madre y estás lavando los platos para tu familia, los lavas de forma sagrada. Si eres un obrero y estás produciendo piezas de repuesto para tu empresa, las producirás de forma sagrada. "Si, pues, coméis o bebéis, o hacéis otra cosa, hacedlo todo para la gloria de Dios" (1 Co. 10:31).

Mi médico es Kenneth Cooper, "el padre de los aeróbicos". El doctor Cooper fue reconocido recientemente por la Universidad de Harvard por su "dedicación a la comprensión del vínculo científico entre el ejercicio y la buena salud". Un día, mientras me encontraba sentado en su oficina y me hablaba de la forma en que suele hacerlo conmigo, comenzó a contarme la historia de cómo llegó a tener el sueño de crear un lugar que promoviera la medicina preventiva a través de la buena salud y el buen estado físico.

"La gente piensa que este es mi trabajo, Tony —me dijo—. No entienden que esta es mi vocación". El doctor Cooper continuó diciéndome que él no es un médico simplemente porque le gusta la medicina. Eligió ser un doctor en medicina porque se sintió llamado por Dios para trabajar como médico. La medicina es su ministerio. Aproximadamente un total de 100.000 personas trotaron en 1968 cuando el doctor Cooper publicó por primera vez su exitoso libro *Aerobics*, que introdujo la palabra y el concepto en la vida de Estados Unidos. Ahora, cuatro décadas y media más tarde, ese número supera los 30 millones. Esos 30 millones de personas se están fortaleciendo con el fin de tener una mejor oportunidad de cumplir sus destinos.[2] Dios está usando el llamamiento del doctor Cooper en relación con los destinos de un sinnúmero de otras personas también. Su obra forma parte de un rompecabezas más grande. La pieza del rompecabezas del doctor Cooper es significativa debido a su reconocimiento e impacto generalizado, pero, al igual que él, cada persona tiene un propósito que cumplir que los vincula con una meta mucho más grande y superior.

Hace unos años estuve visitando al doctor Billy Graham y, mientras recorría sus instalaciones y antes de sentarme a conversar con él, conocí a una joven que entraba datos en una computadora. Cuando le pregunté acerca de su trabajo, me dijo que lo había estado haciendo durante años. Con una sonrisa de oreja a oreja, dijo: "Me encanta lo que hago".

> Aquello a lo que Dios te ha llamado para hacer tendrá repercusiones eternas.

Confundido sobre cómo alguien podía querer sentarse ante una computadora todo el día entrando y comprobando nombres, le hice la pregunta obvia: "¿Por qué?".

Sin dudarlo un instante, ella respondió: "Porque este es mi llamamiento. Dios me llamó a usar mis conocimientos de informática para expandir el ministerio del doctor Graham. Cuando introduzco un nombre en la computadora, ya sé que se trata de alguien que ha sido llevado a Jesucristo por medio de uno de nuestros programas de alcance. O cuando creo listas para el envío de folletos y la información de seguimiento, sé que estoy ayudando a las personas que acaban de conocer al Señor".

He encontrado muy pocas personas en mi vida que entendieran y comprendieran la importancia de su propósito en la manera que lo hacía esta mujer. Ella no se limitaba a entrar datos, sino que realizaba esa tarea para un propósito mayor: glorificar a Dios y extender su reino.

---

2. "'Father of Aerobics' Kenneth Cooper, MD, MPH to Receive Healthy Cup Award from Harvard School of Public Health", Harvard School of Public Health, 2008. www.hsph.harvard.edu/news/press-releases/2008-releases/aerobics-kenneth -cooper-to-receive-harvard-healthy-cup-award.html.

Ya seas un ama de casa, un médico, un portero, un abogado... o aquello a lo que Dios te ha llamado para hacer tendrá repercusiones eternas. Al ver lo que tú haces a través de esa lente, también debes sonreír de oreja a oreja, porque comprenderás que lo que haces importa en el cuadro más grande de la vida. Eres una pieza del rompecabezas de Dios. Tu destino está directamente vinculado a otros en su reino.

Si eres una persona del reino y estás cumpliendo con tu destino, los que te rodean quedarán afectados por tu cosmovisión del reino. Cuando eso sucede, descubrirás que eres una parte de algo mucho más grande e integral que incluye la confiscación del botín del infierno y su traslado al ámbito de los cielos.

La intención 5

Conozco a un hombre llamado Guillermo que vive en un pueblo cercano. Es lo que podríamos llamar un especialista en chatarrería. Pasa su tiempo en depósitos de chatarra locales examinando las cosas que otras personas han tirado a la basura. Guillermo busca, en depósitos de chatarra, objetos de valor que otros han considerado sin valor

A continuación, Guillermo carga sus tesoros en su camioneta y se los lleva a su garaje. Allí, él convierte en piezas de arte contemporáneo lo que una vez fue considerado chatarra. Luego vende sus piezas de arte a los compradores interesados a veces por más de 5.000 dólares cada una.

Guillermo puede hacer eso porque sus ojos ven más que todos los demás. Cuando él rebusca entre la chatarra, suele ver una obra maestra en proceso.

Amigo, como hemos visto, tú eres una obra maestra. Quizá te sientas sin valor, usado o descartado. Pero, cuando conociste a Jesucristo, te encontraste con Aquel que puede transformar lo que tú piensas que eres en lo que realmente eres: una valiosa obra maestra con un propósito.

Las obras de arte de Guillermo hacen más que adornar casas y decorar habitaciones. Tienen una forma única de iniciar conversaciones. Cuando la gente mira una de sus obras, a menudo piden al propietario que cuente la historia detrás de la obra. El dueño entonces explica el proceso de cómo Guillermo llevó a cabo la creación de aquella maravilla. Es decir, el arte de Guillermo le da gloria a él.

Del mismo modo, tú debes ser un tema de conversación acerca de tu Creador. Vives y estás aquí para darle gloria.

Satanás quiere que pierdas de vista tu valor y tu propósito, pero Dios quiere que los hagas tuyos. Él quiere que los exhibas y que seas el tema de conversación que refleja su gloria. Y sí, que incluso exhibas los rasguños y abolladuras, y aquello que otros pueden considerar como algo sin valor. En las manos del Maestro, todo en conjunto sirve para crear algo de sumo valor: ¡tú!

¿Casualidad o propósito?

Muchas personas hoy creen en el azar en vez de en Dios, que es quien controla el universo. Tu punto de vista de la soberanía de Dios afecta la visión de tu destino. Si no crees que Dios te ha creado a propósito y que Él hace que todas las cosas ayuden a bien a los que son llamados conforme a su propósito, vas a creer que los eventos y circunstancias ocurren por casualidad. Pero, de hecho, Dios en su soberanía permite que esas cosas sucedan para su propósito. No obstante, si no las conectas con su propósito, no tienen ningún significado para ti.

Como resultado, terminas viviendo tu vida como una lotería cósmica más que como una respuesta a un Dios soberano que te puso aquí por una razón. No puedes tener a Dios y al azar. Los dos son incompatibles.

¿Cómo se relaciona esto con el propósito? Del mismo modo que las cosas que suceden a tu alrededor no suceden por casualidad, tú tampoco estás aquí por casualidad. Dios te creó a propósito. No eres el resultado de fuerzas aleatorias que se unen en el universo. Tampoco eres un error. Cada parte de ti fue intencional:

Oh Jehová, tú me has examinado y conocido.
Tú has conocido mi sentarme y mi levantarme;
    has entendido desde lejos mis pensamientos.
Has escudriñado mi andar y mi reposo,
    y todos mis caminos te son conocidos.
Pues aún no está la palabra en mi lengua,
    y he aquí, oh Jehová, tú la sabes toda.
Detrás y delante me rodeaste,
    y sobre mí pusiste tu mano.

Tal conocimiento es demasiado maravilloso para mí;
alto es, no lo puedo comprender (Sal. 139:1-6).

Después de establecer el escenario de la relación entre él y Dios
en estos versículos, David centra el enfoque en su propia creación:

Porque tú formaste mis entrañas;
    tú me hiciste en el vientre de mi madre.
Te alabaré; porque formidables, maravillosas son tus obras;
    estoy maravillado,
    y mi alma lo sabe muy bien.
No fue encubierto de ti mi cuerpo,
    bien que en oculto fui formado,
    y entretejido en lo más profundo de la tierra.
Mi embrión vieron tus ojos,
    y en tu libro estaban escritas todas aquellas cosas
    que fueron luego formadas,
    sin faltar una de ellas (vv. 13-16).

Tú has sido creado con un propósito. No eres un error. De hecho,
nadie es un error. No hay tal cosa como un hijo ilegítimo. Las relaciones pueden ser ilegítimas, pero todos los niños nacidos de una relación
ilegítima se convierten en legítimos porque han sido formados por Dios
(Is. 49:1). Si el niño es el producto de una violación, una relación rota,
o alguna otra mala situación, el niño es legítimo y tiene un destino.
Para que ese niño naciera, Dios tuvo que ponerse a trabajar. Y, si Dios
se puso a trabajar, es porque tenía la intención de que ese niño naciera.

Cuando Dios te formó, determinó de qué raza serías y qué sexo
tendrías. Determinó cuál sería la composición de tu ADN, lo que
luego determinaría tu altura, el color de tu cabello, tu forma y personalidad únicas. Dios te hizo a ti, para que fueras *tú*. Te hizo la
persona que quería que fueras. Te hizo especial y único cuando te
tejió en el vientre de tu madre.

Piensa en ello. Si tú eres un error, Dios cometió un error. Y si Dios
ha cometido un error, no puede ser perfecto. Y si Dios no es perfecto,
no es verdad lo que Él afirma acerca de sí mismo en la Biblia, lo que
hace a Dios mentiroso.

Así que la próxima vez que te preguntes si tú eres un error, una idea de última hora, o alguien que no ha sido diseñado intencionalmente con un destino, ten en cuenta que si crees eso, en realidad estás llamando a Dios mentiroso. Para poder desprenderte de tu confianza en tu diseño intencional, tienes también que olvidarte de Dios.

El aborto es malo, no solo porque quita la vida, sino también porque quita el destino que Dios quiso para esa vida; un destino que tiene la posibilidad de impactar e influenciar a otros para bien. El aborto elimina más que una vida, elimina el impacto de esa vida en muchos otros.

Puede que seas un aficionado al fútbol americano o, tal vez no; pero es probable que hayas oído hablar de un hombre llamado Tim Tebow. En la temporada 2011-2012, Tebow se convirtió en algo así como un ícono. Su nombre aparecía con frecuencia en la televisión y los periódicos. Incluso un programa de televisión hizo una representación de humor de él. Después que el equipo de los Broncos ganó a los Steelers, desde los estudiantes de las escuelas secundarias a todo el panel de presentadores de deportes, admiradores y detractores, imitaban a "Tebow" arrodillándose como él solía hacerlo durante toda la temporada para dar toda la gloria a Dios.

Sin embargo, cuando este famoso jugador de los Broncos de Denver era un bebé en el vientre de su madre, corrió el riesgo de ser abortado. En 1985, la madre y el padre de Tim estaban sirviendo como misioneros en Filipinas. En esa época, Pam, la madre de Tim, contrajo disentería amebiana y entró en coma. Los médicos, sin darse cuenta de que ella estaba embarazada de su quinto hijo, la trataron con medicamentos muy fuertes que causaron que la placenta se desprendiera de la pared uterina. Eso limitó la cantidad de oxígeno que Tim recibió en el útero.

Los médicos creían que Tim iba a nacer con graves daños cerebrales, si es que sobrevivía, y que el embarazo ponía a Pam en alto riesgo de complicaciones, por lo que aconsejaron tener un aborto.

Bob y Pam Tebow se negaron al aborto y prefirieron orar por un bebé sano. Varios meses después, Pam dio a luz a Tim. Lo demás es historia. Dios ha usado a Tim para ser un testimonio de Él en el campo y fuera del campo. Si Pam hubiera abortado a Tim cuando era un bebé en su vientre, un sinnúmero de personas habrían perdido, no solo él.

Cuando Dios crea una vida, tiene un propósito para esa vida. Él no comete errores. Dios es soberano sobre todas las cosas, incluyendo la creación de la vida. Eso significa que nada te sucede a ti sin que antes pase primero por la mano de Dios, incluyendo tu propia existencia. Para crearte, Dios tuvo que elegir soberanamente dónde nacerías, quién serías, y cuál sería su propósito para tu vida. Eso no quiere decir que todo el mundo logre siempre cumplir el destino de Dios para su vida. Muchos no le buscan, ni confían en Él, ni persiguen su propósito para su vida. Pero Dios creó a todas las personas con un destino que les asombraría si supieran lo que Dios quería que hicieran.

> Cuando Dios crea una vida, tiene un propósito para esa vida.

Con demasiada frecuencia, las personas se obsesionan con cosas que parecen no tener sentido. Quedan atrapados tratando de averiguar por qué a veces cosas aparentemente malas le suceden a la gente buena. Caen en baches de duda o lástima de sí mismos porque pierden de vista su destino. Sin una fe fuerte en la soberanía de Dios, podemos quedar fácilmente marginados y distraídos de lo que Dios nos ha puesto aquí para hacer.

Ten en cuenta que creer en la soberanía de Dios no significa que crees que Él *causa* todo lo que sucede en tu vida. Más bien, quiere decir que Dios causa o *permite* cada cosa en tu vida. Y, si Él lo permite, Él puede utilizarlo. Confiar en su soberanía significa confiar en que Él puede hacer que todo sirva para bien —incluso lo que es confuso y doloroso— si tú eliges amarle y responder al llamamiento de tu destino.

Más allá de lo natural

Uno de los mayores impedimentos para vivir una vida de destino es la propensión a vivir la vida como un naturalista. Cuando vives con esa mentalidad, no buscas la conexión entre las cosas buenas, las malas y las amargas que tienen lugar. No reconoces que, en todas esas cosas, Dios es el que nombra, permite y establece limitaciones. No ves el significado detrás del caos.

Si eres una mujer con esa forma de pensar y no puedes tener hijos por alguna razón médica, supones que eres una desafortunada. O si estás trabajando duro en tu carrera, pero se olvidan de ti para un ascenso, asumes que tienes mala suerte. O si alguien compra una casa que había en oferta, o se casa con la persona con la que tú esperabas casarte, o ha nacido con la apariencia que siempre te ha gustado... das por sentado que te lo perdiste. Cuando las cosas no salen de acuerdo a tus planes, un punto de vista naturalista puede producir pánico, ansiedad, remordimiento, duda y miedo. Pero cuando entiendes que Dios es soberano y que te ha creado con un propósito, puedes disfrutar de calma y paz incluso en situaciones difíciles.

> Cuando entiendes que Dios es soberano y que te ha creado con un propósito, puedes disfrutar de calma y paz incluso en situaciones difíciles.

A fin de vivir tu vida con calma, debes aceptar plenamente la soberanía de Dios en vez de cuestionarla. Pablo experimentó esa serenidad cuando escribió: "Porque para mí el vivir es Cristo, y el morir es ganancia" (Fil. 1:21). En otras palabras, Pablo dijo que podía relajarse y aceptar lo que se presentara, porque sabía que Dios tenía el control. Pablo sabía que Dios era el que tenía la batuta. Sabía que este era el plan divino y que, independientemente de lo que pasara, Dios sacaría el mejor provecho de ello.

Dios tiene el control

Debido a que Dios es el Creador de todas las cosas, Él está al cargo de todo. Él dice en Isaías: "Mirad a mí, y sed salvos, todos los términos de la tierra, porque yo soy Dios, y no hay más" (Is. 45:22). Cuando Dios dice que no hay otro, está afirmando que Él tiene el control. Sus propósitos permanecen. Él gobierna.

Piensa en tu casa. Ya seas el dueño o la alquiles, realizas el pago de la casa, por lo que es esencialmente tuya. Ahora bien, si alguien de fuera entrara en tu casa y comenzara a decirte que cambies las cortinas, derribes una pared y hagas todo tipo de cambios solo porque él así lo quiere, tú le mostrarías la puerta para que se fuera, no porque él no estuviera siendo sincero, sino porque estaba sinceramente equivocado al pensar que podía entrar en tu casa y establecer las prioridades y normas.

Esta ilustración es fácil de entender, pero la verdad detrás de esto es a menudo difícil de vivir cuando lo aplicamos a Dios y su creación. Tú eres su creación. Este es su mundo. Él está al cargo. Si deseas gobernar tu propio mundo, pues puedes ir y hacerte uno. Pero, mientras tanto, deja que Dios dirija el mundo que Él ha creado, que te incluye a ti. "De Jehová es la tierra y su plenitud; el mundo, y *los que en él habitan*" (Sal. 24:1).

Experimentamos confusión y vacío porque tratamos de establecer nuestras propias reglas en la casa de Dios. Imagínate qué pasaría si vinieras a mi casa y comenzaras a fumar o sacaras una botella de licor. Se produciría rápidamente el caos porque yo he decidido que la gente no fume ni beba alcohol en mi casa. En mi hogar, vivimos conforme a mis normas.

> Deja que Dios dirija el mundo que Él ha creado, que te incluye a ti.

Muchos que han sido comprados por la sangre de Cristo y viven en la casa de Dios, sin embargo, quieren que Él se adapte a ellos. Quieren que Dios haga lo que ellos quieren, como quieren y cuando quieren. Y, cuando Él no lo hace, ellos tratan de hacerlo por sí mismos. Luego se preguntan por qué experimentan conflictos y el vacío en su vida. *Por supuesto*, tú te sentirás lejos de Dios y perderás el sentido de tu destino cuando no te ajustes a Él. Él tiene el control.

Tu vocación más elevada, la parte más importante de tu destino, es reflejar la gloria de Dios. La principal manera de hacerlo es someterte a su gobierno y vivir de acuerdo a su voluntad. Hacer que eso sea la prioridad para tus opciones de vida, pensamientos y metas te llevará más cerca de tu destino que cualquier seminario, estrategia de autoayuda o las buenas intenciones.

Bubba

Hace poco más de una década, nuestra iglesia construyó un centro de educación cristiana. Ni hace falta decir que la edificación de esa instalación multimillonaria era una verdadera hazaña. De hecho, cuando el gimnasio, las aulas y la escuela privada estuvo finalmente terminada, el presidente George W. Bush asistió a la ceremonia de inauguración. Fue toda una festiva.

Sin embargo, si hubieras visto un año antes el lugar donde ese gran edificio se ubica actualmente, todo lo que habrías visto era un estacionamiento vacío y un hombre llamado Bubba. Este experto en construcción fue contratado para ser el maestro de obras del proyecto, y, mientras iba estudiando los planes originales para aquel proyecto masivo, me dijo que era el conjunto de edificios más complejo en el que había trabajado. Antes había construido grandes edificios, pero ninguno que fuera tan multifacético. Las páginas y páginas de dibujos que detallaban cómo todo tenía que ir para que este edificio funcionara iba más allá de lo que Bubba había visto antes.

No obstante, a pesar de todos los retos y muchos detalles, Bubba levantó un enorme edificio apto para servir a todos, desde los niños de la vecindad hasta al presidente de los Estados Unidos.

Empezamos con un terreno vacío de estacionamiento, con Bubba y algunos planos. No obstante, a pesar de nuestras limitaciones y deficiencias humanas, fuimos capaces de construir algo increíble porque teníamos un plan y los recursos para llevarlo a cabo.

Amigo, puede que estés mirando alrededor de tu vida en este momento y no veas otra cosa que un solar abandonado y un poco de maleza. Sin embargo, Dios puede entrar en tu vida y conectar tus problemas con sus soluciones, tus necesidades con su provisión, y tus circunstancias con sus intenciones, creando algo nuevo en ti. Si realmente quieres descubrir tu destino, comienza aceptando la verdad de que fuiste creado *a propósito para* un propósito que se alinea con las intenciones de Dios para ti. Si caminas al ritmo de su llamamiento, Él tomará lo que parece ser nada y creará algo importante, fuerte y significativo en ti.

SEGUNDA PARTE

Los ingredientes
de tu destino

La pasión

6

Cuando nuestros hijos eran pequeños, a veces nos íbamos de vacaciones en familia a uno de sus lugares favoritos: el parque de atracciones de Disneyland. Metíamos a los cuatro niños en el auto y nos íbamos a recorrer el país.

Durante nuestra estancia en Disneyland, disfrutamos de casi todas las atracciones y juegos. La mayoría de ellos eran entretenidos. Me divertían. Pero había una atracción en particular, que casi me volvía loco de atar. Quizá te hayas montado alguna vez en una que llaman "Es un mundo pequeño".

En esta atracción, te sientas en una barca que avanza poco a poco a lo largo de un canal de agua prefabricado en medio de cientos de muñecas audio-animatronicas que cantan "Es un mundo pequeño, después de todo" una y otra y vez. A mitad del camino en el curso de ese viaje, yo quería saltar de la barca y nadar de regreso. Era una tortura sin sentido, inútil y de movimiento lento.

Amigo, si no estás cumpliendo con tu destino, vives en un mundo pequeño, después de todo. La vida pierde su entusiasmo cuando no tienes nada importante que te impulse hacia adelante. Vivir sin tu destino es como dar vueltas y vueltas en círculos, pero no llegas nunca a tu destino. La vida se convierte en una rutina sin ninguna profundidad, dirección o significado.

Tal vez esto te suene familiar. Es posible que hayas perdido tu entusiasmo por la vida, simplemente porque no estás viviendo de acuerdo a tu destino. La barca de la vida sigue moviéndose poco a poco, y te sientes atrapado dentro de un laberinto de marionetas cantarinas que no tienen sentido en absoluto y eso rápidamente te pone nervioso.

Al comenzar a detallar los ingredientes de tu destino, quiero dejar bien claro que el ingrediente número uno en la vivencia de tu destino es tu pasión. Dios te ha dado una pasión para hacer o ser lo que Él ha diseñado para ti. No hay tal cosa como un destino sin una pasión por ese destino. Dios te creó para hacer algo y te dio la motivación y el deseo de hacerlo. Esa motivación y deseo se conocen como tu pasión.

Todo el mundo tiene una pasión. Incluso la persona más introvertida y aburrida que puedas imaginar tiene pasión por algo. No todos tienen la misma pasión o la expresan de la misma manera, pero cada uno tiene una pasión. Si eres por naturaleza tranquilo y reservado, tu pasión puede expresarse a través de la dedicación, el compromiso o la devoción. Si tu naturaleza es más sociable y extrovertida, tu pasión probablemente será obvia para los que te rodean porque viertes tu energía en eso.

Si eres cristiano, tu pasión tiene que ver con tu intensidad espiritual, o el fuego que arde dentro de ti. Puede que no todos mostremos nuestra pasión de la misma manera o con la misma intensidad, pero todos la tenemos en nuestro interior. De hecho, he disfrutado de partidos de baloncesto o de fútbol con amigos que me dijeron que no eran emocionales o pasionales. Pero, cuando el equipo local hacía una gran jugada, mis amigos prácticamente se tiraban encima de mí con energía y entusiasmo. En las circunstancias y entorno adecuados, incluso en las personas más aburridas que conoces, encontrarás un poco de fuego. Ellos descubrirán su pasión. Todo el mundo tiene potencial para apasionarse.

> El ingrediente número uno en la vivencia de tu destino es tu pasión.

No obstante, muchas personas no viven con su "magia" o pasión porque no están donde se supone que deben estar. No están haciendo lo que se supone que deben hacer. Han perdido la esperanza de que su vida vaya a cambiar o tener algún significado. Cuando miras en sus ojos, puedes ver que la vida —el fuego— ha desaparecido porque no hay nada que quemar. Es difícil tener un fuego en la chimenea, si no hay leña en la parrilla. Amigo, si no estás donde se supone que deberías estar o no estás haciendo lo que fuiste creado para hacer, se notará que te falta tu fuego y pasión.

¿Qué es la pasión?

La pasión espiritual es la capacidad dada por Dios para dedicarnos con fervor a algo o alguien durante un largo período de tiempo con el fin de lograr una meta y satisfacer una necesidad. Pablo escribe en la carta a los Romanos acerca de su propia pasión: "Y de esta manera me esforcé a predicar el evangelio, no donde Cristo ya hubiese sido nombrado, para no edificar sobre fundamento ajeno" (Ro. 15:20). La palabra griega traducida *esforcé* es *philotimeomai*, que significa "esforzarse fervientemente" o "esforzarse con gran amor y honor para lograr que algo suceda".

La meta de Pablo era "esforzarse fervientemente" a predicar el evangelio porque era la pasión que ardía en su interior. Era algo que tenía que hacer. "Pues si anuncio el evangelio, no tengo por qué gloriarme; porque me es impuesta necesidad; y ¡ay de mí si no anunciare el evangelio!" (1 Co. 9:16). El profeta Jeremías comparte este sentimiento.

> Y dije: No me acordaré más de él, ni hablaré más en su nombre; no obstante, había en mi corazón como un fuego ardiente metido en mis huesos; traté de sufrirlo, y no pude (Jer. 20:9).

La pasión de Jeremías por dar a conocer las palabras de Dios era como un "fuego ardiente metido en [sus] huesos". Eso es pasión. Jesús compartió ese celo ardiente o la pasión del rey David: "El celo de tu casa me consume" (Jn. 2:17, citando el Sal. 69:9). ¿Has tenido alguna vez celo por algo que era demasiado caliente como para *no* manejarlo? ¿Algo que ardía en tu interior hasta que actuaste sobre ello? Eso es fuego. Esa es tu pasión. Te despierta durante la noche o te impide dormir. Te hace pensar en el asunto incluso cuando el tema no está aún sobre la mesa. La pasión es un volcán burbujeando en tu alma. Es el combustible de tu vocación y destino. Te mantiene en marcha, incluso cuando no quisieras hacerlo. Sabes que esa es tu pasión, como he mencionado antes, porque es algo que harás incluso si no te pagan por hacerlo.

Permanecer en el camino

¿Alguna vez has aceptado un trabajo solamente por dinero, para descubrir más tarde que habías cometido un gran error? ¿Has pensando alguna vez que preferirías ser pobre antes que tener que ir a trabajar? No se me ocurre nada peor que saber que por el resto de mi vida tengo que hacer algo que no puedo aguantar, solo por dinero. No estoy diciendo que nunca tengamos que hacer cosas fuera de nuestra vocación o propósito. Todos tenemos que hacer esas cosas. Cuando asistía a clases a tiempo completo en el seminario, también tuve que cargar equipajes en los autobuses desde las 11 de la noche hasta las 7 de la mañana. Era un trabajo duro, agotador, y, sin duda, no era mi destino. Pero lo aguanté porque me ayudó a alcanzar mi meta y mi destino.

Todos tenemos que hacer eso de vez en cuando, pero no me gustaría pasarme toda la vida haciendo algo que no corresponde a mi llamamiento. Soy predicador. Fui hecho para predicar. Fui creado para estudiar la Palabra de Dios y proclamarla. Si yo no fuera un predicador de profesión, estoy seguro de que, a pesar de mi trabajo, estaría tratando de encontrar una manera de predicar la Palabra de Dios cada vez que pudiera, quizá durante los descansos, la hora del almuerzo… siempre. Predicar la Palabra de Dios es mi pasión. Es lo que enciende el fuego en mí. Independientemente de lo cansado que esté, si me ponen frente a un grupo de personas que han venido a escuchar la Palabra de Dios, voy a predicarles como si fuera el fin del mundo.

> Tu pasión te motivará a dar pasos ahora que te prepararán para cumplir tu destino algún día.

De hecho, justo la semana pasada —en un lapso de cinco días— prediqué ocho sermones, de una hora de duración o más, a diferentes grupos de personas. Hace apenas un mes, prediqué ese mismo número de sermones, cada uno diferente, en dos días. Algunas personas que estuvieron conmigo durante esos dos días mencionaron que empecé con mucha energía y terminé con aún más.

A medida que avanzas hacia tu destino, puede que tengas que hacer algunas cosas que no ponen en evidencia tu pasión. Incluso, entonces, puedes estar avanzando hacia tu pasión, y eso debería servirte de motivación. Así que trata de no sentirte frustrado si en este momento no estás haciendo lo que fuiste destinado a hacer. Siempre y cuando estés en el camino para descubrir y cumplir tu destino, sigue adelante. Vas a llegar allí. Tu pasión te motivará a dar pasos ahora que te prepararán para cumplirlo algún día.

Lo único que puede satisfacer tu pasión es aquello que lo genera. En otras palabras, una vez que identificas tu destino, se creará un deseo ardiente en ti, y lo único que va a satisfacer ese deseo es cumplir ese destino. Nada más lo hará.

La perspectiva de la pasión

El libro de Eclesiastés fue escrito por un hombre muy apasionado. La Biblia nos dice que amó a muchas mujeres. Era un romántico insaciable. El Cantar de los Cantares describe sus proezas románticas. Este hombre tenía pasión.

En Eclesiastés, Salomón nos ayuda a ver nuestra pasión desde la perspectiva del tiempo y la eternidad. Después de que Eclesiastés 3:1-8 detalla que hay un tiempo para todo, el versículo 11 dice: "Todo lo hizo hermoso en su tiempo; y ha puesto eternidad en el corazón de ellos".

Todos nosotros tenemos eternidad en nuestros corazones. Sabemos que debe haber algo más que lo que estamos viviendo en estos momentos. Incluso, las personas sin Dios pasan toda una vida tratando de responder preguntas filosóficas eternas. ¿Quién soy yo? ¿A dónde voy? ¿De dónde vengo? Hacen estas preguntas porque Dios ha puesto eternidad en sus corazones.

Si buscas tu propósito desde la perspectiva del tiempo en vez de desde la perspectiva de la eternidad, la vida será trivial. Le faltará significado porque Dios ha puesto eternidad en tu corazón. Fuiste creado para la eternidad. Si lo que estás haciendo se centra únicamente en los resultados temporales y te olvidas de los resultados eternos, quedarás insatisfecho, simplemente porque tu alma no es temporal.

Sin embargo, una realidad siniestra se cierne sobre cada uno de nosotros en la tierra. Sin importar cuán grande o rico o exitosos seamos, todos lo percibimos. Es un letrero de luz de neón muy grande sobre cada uno de nosotros que dice: "Temporal". En cierto sentido, todos somos —cada uno de nosotros— "temporales".

La fama de las estrellas de cine es solo temporal. Pronto llegarán a la vejez y otros más jóvenes al final ocuparán su lugar. El campeón de los deportes del año pasado este año es el que se defiende. Lo que hoy aparece en la cabecera de la primera página mañana será mencionado en un recuadro de la página 20.

> Tú puedes maximizar plenamente tu vida solo si tienes una perspectiva eterna en mente.

¿Te ha molestado esto alguna vez? A veces a mí me molesta. Cuando las cosas que llevas a cabo en la tierra están destinadas y motivadas por el tiempo en vez de por la eternidad, todo lo que consigues es temporal. Todo lo que está determinado por la realidad física y no se centra en la realidad espiritual de tu alma pasará. Es por eso que no hay amistad, relación o, incluso, compañerismo que puedan satisfacer plenamente, porque son temporales, y tú fuiste creado para la eternidad.

Dios ha puesto eternidad en tu corazón. Tú puedes maximizar plenamente tu vida solo si tienes una perspectiva eterna en mente. Tu propósito y tu pasión tienen eternidad escritos en ellos si te llevan al destino que Dios te ha dado. Por tanto, la pregunta que debes hacerte es: ¿Qué me apasiona que esté conectado a la eternidad?

Despertar

Las Escrituras dicen a menudo que Dios conmueve los corazones de aquellos que Él llama para hacer algo. ¿Está Dios conmoviendo tu corazón para hacer algo? ¿Qué cosas te emocionan? ¿Qué te rompe el corazón o inspira y revitaliza? ¿Qué puedes hacer o simplemente pensar en ello que te haga sentir vivo? Si la eternidad está conectada con ello, esa es tu pasión, y te llevará hacia tu destino. Síguelo. Persíguelo. Corre tras ello. Ve por ello. Acéptalo. Vívelo. Porque, sin ello, tú simplemente estarás existiendo; no estarás cumpliendo con tu destino.

Esta es la mejor pregunta para hacer con respecto a la pasión: si no fuera por el dinero, las responsabilidades familiares o el tiempo, ¿qué harías? ¿Qué sería eso? ¿Tienes una ambición secreta? Si está vinculada a la eternidad, esa es tu pasión. Y, a menos que te esfuerces por tu pasión, se va a marchitar y morir, no físicamente, pero sí emocionalmente. La pasión que no se cuida muere. Cuando es sofocada, queda inactiva.

Procurar salvar

Si estás familiarizado con la historia del *Titanic*, probablemente ya sabes cuál fue en realidad la mayor tragedia de ese desastre. Por supuesto, el hundimiento del *Titanic* ya fue una tragedia en sí, pero la mayor tragedia fue que la mayoría de los botes salvavidas estaban solo medio llenos.

Aproximadamente 1.500 personas murieron congeladas en las aguas heladas de aquella noche, cuando cientos de ellos pudieron haberse salvado si los que ya estaban a salvo en los botes salvavidas hubieran vuelto para rescatarlos. Pero las personas que se salvaron se sintieron tan cómodas en su salvación que se olvidaron de que otras personas estaban muriendo de hipotermia. Solo uno de los 20 botes regresó para rescatar a otros náufragos.

Los ciudadanos del reino de Dios que viven con un propósito no deben pensar así. No deben estar diciendo: "Bueno, yo soy salvo, así que espero que tú también lo seas de alguna manera", pero sin hacer nada por los millones de almas que están pereciendo. La gente del reino quiere descubrir cómo pueden utilizar las oportunidades y habilidades que Dios les ha dado para proporcionar un bote salvavidas a otros. Los propósitos del reino de Dios siempre implicarán tener un efecto sobre las personas para acercarlas a su reino. Esos propósitos

> Una vez que vincules tu pasión con la eternidad, quién sabe lo Dios hará en ti y por medio de ti.

tendrán una perspectiva eterna. Ahí, donde tu pasión se funde con la eternidad, descubrirás tu destino.

Eso no quiere decir que todo el mundo debe ser un misionero o un predicador. Pero sí quiere decir que todos deben entender que hay un reino que opera en la tierra con una perspectiva eterna. Tienes un papel que desempeñar en el reino de Dios, ya sea como madre, médico, maestro, abogado, ingeniero, pintor, poeta, gerente de negocios, asistente administrativo...

Mi reto para ti mientras lees este libro es que examines tu pasión. Mira profundamente dentro de ti mismo y hazte algunas preguntas estratégicas. ¿Qué capta tu atención? ¿Qué piensas de ello? ¿Qué es lo que sueñas ser o hacer un día?

Quizá tú ya sepas cuál es tu pasión. Quizá ya la hayas descubierto en el mercado laboral, pero ahora tienes que descubrir la forma de conectarla al reino. Necesitas darle una perspectiva eterna. Una vez que vincules tu pasión con la eternidad, presta atención, pues quién sabe lo que Dios hará en ti y por medio de ti.

Cuando se encienden los motores

Los transbordadores espaciales fueron creados para llevar a cabo una misión única. Fueron diseñados para ir a alguna parte. Sin embargo, debido a la gravedad, esas naves espaciales no podían ir a ninguna parte por su cuenta, es decir, hasta que eran montadas en cohetes.

Antes de ser conectados con los cohetes, la gravedad les dijo: "Ustedes no van a ninguna parte. Están confinados a la tierra". Y la gravedad tenía razón. Pero cuando fueron montados sobre los propulsores y fueron encendidos los motores de los cohetes, estos vehículos de varias toneladas que estaban sin moverse en tierra fueron capaces de elevarse.

Tu pasión es tu fuego. Sin embargo, muchos de nosotros estamos detenidos en el tiempo a causa de nuestros temores. Muchos de nosotros estamos impedidos de vivir nuestro destino debido a las cosas que nos han dicho. Tenemos una baja autoestima y, aunque deseamos despegar de tierra, no creemos que Dios pueda crear suficiente fuego. Sin embargo, si el fuego puede elevar al transbordador espacial y llevarlo más allá de la atmósfera de la tierra, el fuego también puede hacer lo mismo contigo.

Las cosas se mueven cuando son encendidas, y eso te incluye a ti.

Independientemente de lo aburrido que puedas parecer o cuán gruesas sean tus gafas, e incluso si te clasificas a ti mismo como una persona no emocional o intelectual, tú tienes fuego. Tú tienes pasión. Puede que no la expreses de la misma manera que lo hacen otros. Puede que tú no grites, ni bailes, ni exhibas tu pasión abiertamente, porque todos tenemos diferentes personalidades. Pero la tienes. Tú tienes pasión. Tú tienes esa cosa, que es el asunto, el interés, o la visión que se conecta con la eternidad y que te conmueve.

Si todavía no sabes qué es, ve a Dios y pídele que te revele tu pasión. Pídele a Dios que encienda el fuego dentro de ti. Pídele que te muestre tu pasión en relación con la eternidad para que Él pueda mostrarte tu destino. Y, entonces, agárrate fuerte porque habrá llegado el momento del gran viaje de tu vida.

La visión

7

Algunas personas tienen un trastorno de la vista llamado miopía. La miopía se produce cuando la longitud física del ojo es mayor que la longitud óptica, haciendo que el ojo refleje la luz de forma incorrecta. Cuando las personas sufren de miopía, no pueden ver con claridad a una distancia. Los objetos que están lejos aparecen borrosos y difusos. Los detalles se pierden según la nitidez se deteriora dentro del ojo.

La miopía pasa con frecuencia de generación en generación. Los que sufren de miopía suelen transferir una predisposición genética hacia ella a los descendientes.

Lamentablemente, lo que ha sucedido en la visión física de mucha gente ha ocurrido también en la visión espiritual de muchos. Estas personas tienen dificultades para ver más allá de lo que tienen delante de sus ojos.

El Señor nos manda que no nos preocupemos por el mañana, pero no hay nada malo con mirarlo. De hecho, tener en cuenta el mañana es importante. El libro de la sabiduría nos dice: "Donde no hay visión, el pueblo se extravía" (Pr. 29:18, NVI).

> La visión da a tu destino inspiración y dirección.

Tu destino sin visión es como un cirujano sin bisturí, un vaquero sin caballo, o un bailarín sin música. La visión da a tu destino inspiración y dirección. Tratar de descubrir tu destino sin una visión es similar a tratar de encender un fuego con un fósforo mojado. No se encenderá. Tener visión es como poner pies a tu destino o darle lentes al que sufre de miopía. Te permite funcionar más plenamente. Te permite visualizar las cosas y enfocarlas bien para que puedas experimentarlas. Tu visión espiritual implica *mirar más lejos que lo que puedes ver físicamente.*

Iluminación

Antes de que profundicemos más en la visión, quiero distinguir cuidadosamente entre dos conceptos importantes: revelación e iluminación. La revelación de Dios se ha acabado. Lo que Dios dejó registrado dentro del canon de las Escrituras está completo. Nada nuevo hay que agregar a la revelación bíblica (Ap. 22:18). Sin embargo, Dios todavía ilumina a su pueblo. Dios nos ilumina mostrándonos cómo su revelación (su Palabra revelada) se aplica a nosotros. El papel del Espíritu Santo es iluminarnos. El Espíritu no nos da nueva revelación. Más bien, Él nos revela lo que se supone que debemos hacer con la revelación existente (1 Co. 2:9-13). Dios te ilumina al darte una visión clara del propósito de tu vida.

Ten en cuenta que la visión aporta claridad. Y, cuando recibes una imagen mental clara de tu destino, recibes poder. Tu visión te da poder. El poder viene al conocer y ver con claridad tu destino.

> Cuando recibes una imagen mental clara de tu destino, recibes poder.

Cuando tu visión es clara acerca de tu futuro, tomarás buenas decisiones en el presente, decisiones que, o bien se relacionan directamente con tu visión, o bien te llevarán más cerca de ella. Sabrás cuándo decir sí y cuándo decir no. Tendrás una mejor actitud cuando tienes que hacer cosas que no quieres hacer o no disfrutas haciéndolas. Cuando sabes que esas tareas te ayudarán a lograr tu visión, tendrás más energía para hacerlas.

Una visión clara te da poder para tomar decisiones productivas y estratégicas. También te da la persistencia para llevar a cabo lo que sea necesario con el fin de alcanzar un día tu visión. Sin una visión, las actividades aparentemente mundanas son en realidad mundanas. Las tareas que parecen aburridas y sin sentido realmente son aburridas y sin sentido. Pero cuando Dios te ilumina, mostrándote cómo Él está planeando utilizar esas actividades para dirigirte a tu visión, puedes llevar a cabo esas tareas con un ánimo renovado simplemente porque entiendes su propósito.

Por ejemplo, esto es lo que Dios dijo cuando le dio a Abraham su visión:

> Vete de tu tierra y de tu parentela,
> y de la casa de tu padre, a la tierra *que te mostraré.*
> Y haré de ti una nación grande, y te bendeciré,
> y engrandeceré tu nombre, y serás bendición.
> Bendeciré a los que te bendijeren,
> y a los que te maldijeren maldeciré;
> *y serán benditas en ti todas las familias de la tierra*
> (Gn. 12:1-3).

Abraham recibió instrucciones de salir de su entorno familiar y aventurarse en lo desconocido. Eso de viajar a través de un territorio que él no conocía y con provisiones, gente, animales y el resto de cosas, probablemente no estaba en la lista de prioridades de Abraham. Es muy posible que se tratara de un viaje largo, monótono y difícil, pero Abraham tenía una visión que implicaba la promesa de bendición en su futuro. Eso le motivó a hacer lo que muy probablemente no iba a producir una gratificación inmediata, y fue capaz de permanecer motivado durante aquel largo recorrido. Lo sabemos por lo que nos dice el libro de Hebreos que Abraham hizo en respuesta a la visión que recibió:

> Por la fe Abraham, siendo llamado, obedeció para salir al lugar que había de recibir como herencia; y salió sin saber a dónde iba… *porque esperaba la ciudad que tiene fundamentos, cuyo arquitecto y constructor es Dios* (He. 11:8, 10).

Abraham alcanzó su destino porque respondió a su visión. Le fue dicho que fuera a la tierra que Dios le prometió que le mostraría. Abraham no sabía dónde estaba esa tierra o cómo era, pero sabía que iba a encontrar lo que estaba buscando porque tenía fe en que se cumpliría la visión que Dios le había dado.

Bendecido para ser bendición

Basado solo en su visión, Abraham emprendió el camino hacia su destino y su bendición. Ten en cuenta que tu destino y tu bendición siempre involucrarán a otros. Dios obrará *en* ti cuando Él sepa que puede trabajar *por medio* de ti. Cuando recibimos una bendición, experimentamos el favor de Dios para que podamos extenderlo a otros.

Abraham se dispuso a estar disponible como un canal de bendición para otros. Salió a buscar esa bendición aun con gran sacrificio personal y, como resultado, finalmente encontró su bendición y su visión. Si Abraham se hubiera quedado en su entorno seguro y protegido con Sara (en ese tiempo conocida como Sarai) y el resto de su familia, él nunca habría llegado a su destino de ser el conducto de las bendiciones de Dios para todas las familias de la tierra. Del mismo modo, si Abraham hubiera decidido esperar hasta que Dios le diera el mapa detallado, paso a paso, de la ruta para alcanzar su visión, nunca habría descubierto y vivido su destino.

> Dios obrará *en* ti cuando Él sepa que puede trabajar *por medio* de ti.

Dios le dio a Abraham una visión. Puesto que Abraham creyó y actuó basado en esa visión como Dios le había instruido, recibió su bendición completa y alcanzó su destino ordenado.

Con los ojos puestos en el Invisible

Cuando recibes una visión, miras a lo invisible como lo hizo Abraham. Ves un cuadro de lo que va a pasar, aunque no todos los detalles estén claramente definidos. Luego, cuando cumples tu destino, haces que lo invisible sea visible.

¿Has visto alguna vez un libro de colorear invisible? Las páginas parecen estar en blanco, pero cuando las coloreas con una "pluma mágica" aparece un cuadro completo.

Esto es similar a lo que ocurre con tu visión. Antes de la creación del tiempo, Dios ya había establecido tu propósito y destino. La imagen de lo que vas a llegar a ser —lo que has estado diseñado para hacer— ya ha sido establecida. Cada línea, color y parte de la imagen ya están ahí. Pero no lo llegarás a ver o experimentar hasta que no tomes la "pluma mágica" de la fe y hagas lo que Dios te ha revelado que hagas. Como un niño coloreando un libro en blanco, puedes comenzar con vacilación. No obstante, a medida que Dios responde a tus movimientos al revelarte cada vez más de su visión para ti, te verás fortalecido para continuar en la fe.

Al tiempo que Dios revela su visión para ti, tu mejor respuesta es la de actuar en consecuencia. Da un paso, a Dios le encanta verte en movimiento. En cuanto empieces a responder en lo poco que Él te ha mostrado, te mostrará mucho más. Y cuantos más pasos des, más te mostrará. Si nunca respondes a lo poco, nunca descubrirás el resto. Por eso Pablo dice: "porque por fe andamos, no por vista" (2 Co. 5:7). Implica hacer algo; implica movimiento.

> Cuando cumples tu destino, haces que lo invisible sea visible.

La visión implica ver las cosas desde la perspectiva de Dios. Colosenses nos dice que esa es la forma en que debemos ver la vida: "Si, pues, habéis resucitado con Cristo, buscad las cosas de arriba, donde está Cristo sentado a la diestra de Dios. Poned la mira en las cosas de arriba, no en las de la tierra" (Col. 3:1-2). Cuando Dios te da una visión, Él te da su perspectiva. Te da ojos de águila. Él te da la capacidad para ver el mañana con tanta claridad como un águila puede ver el suelo. Tú ves más allá de lo que es normal y natural. Cosas que nunca has visto antes, de repente se vuelven muy claras ante los ojos de tu mente, tanto que puedes decir: "Me veo haciendo eso" como si ya lo estuvieras haciendo.

Puede que hayas oído la historia de un visitante que le dijo al director de Disney World:

—¿No es una pena que el señor Disney no viviera para ver esto?

A lo que el director respondió rápidamente:

—Sí que lo vio. Por eso esto está aquí.

Déjame ahora hacerte una pregunta: ¿Cuál es tu visión? ¿Qué ves? Si te pidiera que anotaras tu visión, ¿podrías hacerlo? O, déjame decirlo de otra manera, cuando sueñas, ¿qué es lo que sueñas? ¿Cuáles son tus sueños para los próximos cinco, diez o quince años? ¿Dónde te imaginas a ti mismo estar y qué te imaginas haciendo tú mismo dentro de veinte años? Aclarar tu visión y tu sueño es fundamental porque si ves solamente lo que está delante de ti en este momento, perderás el impulso que proviene de una dirección clara. Tus opciones y decisiones en los próximos cinco años, o incluso las próximas décadas te llevarán en círculos en vez de hacia la meta de

> La visión implica ver las cosas desde la perspectiva de Dios.

descubrir, experimentar, y luego, en última instancia, maximizar tu propósito. Cuando no tienes un blanco específico, apuntas a cualquier cosa. Cuando apuntas a cualquier cosa, lo pierdes todo.

Una imagen mental

Nehemías es un personaje bíblico que no parece recibir mucha atención en estos días. No se oye con frecuencia que los predicadores enseñen sobre la vida de Nehemías a pesar de que hay mucho que aprender de sus acciones y decisiones. Sin embargo, él nos sirve como ejemplo perfecto de alguien que recibió una visión y respondió actuando en consecuencia.

En la época de Nehemías, Jerusalén había sido diezmada por unos 70 años. Nehemías vivía en otra sociedad y servía a otro rey. Hasta que Dios le dio una visión, él tuvo muy poco que ver con la situación actual de su patria. Dios le dio una imagen mental de su propósito en relación con Jerusalén. Sabemos esto por lo que él más tarde nos dice al respecto:

> Llegué, pues, a Jerusalén, y después de estar allí tres días, me levanté de noche, yo y unos pocos varones conmigo, y no declaré a hombre alguno *lo que Dios había puesto en mi corazón que hiciese en Jerusalén* (Neh. 2:11-12).

Observa que Nehemías declara específicamente que Dios puso una visión en su mente. Dios primero puso el llamamiento y propósito de Nehemías como un pensamiento en su interior. Le dio una imagen mental de lo que quería que hiciera. Dios te dará a ti una imagen mental de su propósito para ti. Pondrá en tu interior un concepto ligado a tu pasión, habilidades y deseos, y luego Él verá lo que tú haces con lo que Él te ha dado. El cumplimiento de la imagen que Dios pone inicialmente en tu mente es probable que sea mucho más de lo que puedas imaginar. Si Él te hubiera mostrado la imagen completa desde el principio, puede que no hubieras creído en Él. Te podrías haber sentido demasiado intimidado para procurar hacerlo, o te hubieras sentido demasiado abrumado para imaginar que eso podría llegar a suceder por medio de ti.

Así, pues, Dios a menudo te dará una imagen mental que incluye tu visión, pero no en su totalidad. Él te da lo suficiente para que puedas dar el siguiente paso en el camino hacia tu destino. Pero, a medida que das ese paso, recuerda que te estás dirigiendo hacia algo que tiene la posibilidad de ser mucho más grande de lo que tú piensas en este momento. Nunca dejes que tu comprensión parcial te limite. A veces Dios te da solo lo suficiente para que sigas adelante. Si Él te está llevando hacia algo que es más grande de lo que imaginabas, acéptalo. Eso nos pasa a la mayoría de nosotros. Dios a menudo revela solo lo que Él sabe que podemos asimilar en cada momento.

Ver y sentir

La visión de Nehemías por Jerusalén surgió de su carga por Jerusalén. Si lees el capítulo anterior de su libro, verás uno de los ingredientes iniciales de su visión: pasión por su pueblo. Cuando Nehemías estaba en Persia, su hermano Hanani y algunos otros hombres de Judá regresaron de la zona de Jerusalén. Nehemías les preguntó cómo le iba al pueblo que vivía en su tierra natal. Ellos respondieron: "El remanente, los que quedaron de la cautividad, allí en la provincia, están en gran mal y afrenta, y el muro de Jerusalén derribado, y sus puertas quemadas a fuego" (Neh. 1:3).

Su respuesta despertó la pasión más profunda de Nehemías. "Cuando oí estas palabras me senté y lloré, e hice duelo por algunos días, y ayuné y oré delante del Dios de los cielos" (v. 4). Nehemías no se limitó a escuchar el informe de sus compatriotas o sus palabras, sino que lo sintió profundamente en su corazón… en ese lugar dentro de ti donde las emociones son auténticas y reales.

Debido a que Nehemías se conmovió con el informe de sus

compatriotas judíos, hizo algo al respecto: lloró, ayunó y oró. Nehemías buscó a Dios y su solución para aquella crisis y situación desesperada. La visión de Nehemías surgió de su pasión por su pueblo, al igual que tu visión surgirá de la pasión que Dios ha creado dentro de ti. Una carga o una pasión es algo que pesa mucho sobre ti. No puedes quitártela de encima fácilmente. No puedes deshacerte de esa idea.

Amigo, si algo en tu corazón te preocupa o evoca fuertes emociones en ti, antes de tratar de disuadirte a ti mismo de esos sentimientos o racionalizarlos, pregúntale a Dios si son pistas sobre tu visión y destino. Lo más probable es que lo sean. La pasión y la visión son dos cosas que Dios te ha dado con el fin de motivarte a un llamamiento firme.

> Tu visión surgirá de la pasión que Dios ha creado dentro de ti.

Una vez que te adentras en tu propósito y empiezas a dar pasos en el camino hacia tu destino, descubrirás que no todos los días la caminata resulta brillante. Cada hora no viene con fuegos artificiales y arco iris o con aventuras emocionantes para explorar y conquistar. A lo largo de la ruta a tu destino, te encontrarás con una gran cantidad de momentos aburridos y simplemente trabajo duro. La pasión y la visión son dones de Dios para fortalecerte y motivarte durante esos momentos. Desempeñan un papel clave en ayudarte a cumplir con tu destino, ya que son el viento que te ayudan a elevarte. Te dan fuerzas para seguir adelante a través de lo tedioso y rutinario.

Incluso, cuando estés viviendo tu destino, algunos momentos no se presentarán con campanas y trompetas. Tu pasión y tu visión a menudo tendrán que sostenerte a través de esos momentos de cada día para que al fin llegues a tu destino previsto.

La pasión de Nehemías lo llevó a caer de rodillas. Fue un peso tan grande en su corazón que ni siquiera se acordó de comer. Lloró y pidió a Dios que interviniera. Le pidió a Dios que le mostrara qué hacer.

A ti, ¿qué te hace llorar? ¿Qué es lo que te quita el sueño? ¿Qué te atrae más que la comida? Muchos de nosotros vivimos en una sociedad que gira en torno a la comida. La comida está convenientemente disponible para nosotros en todo tipo de deliciosos paquetes. De hecho, la comida suele dominar nuestros pensamientos y nuestra salud se resiente cuando no comemos de forma inteligente. ¿Qué te preocupa o te apasiona de tal forma que incluso la comida deja de tener importancia? ¿Alguna vez has estado tan absorto en un proyecto o trabajo o acto de servicio, tan realizado y satisfecho, que has perdido la noción del tiempo e incluso te olvidaste de comer? Eso es pasión. Si esto te ha ocurrido alguna vez, toma nota. La pasión y la visión son pistas importantes para tu destino.

Visión y revelación

Sin embargo, no dejes que tu pasión y tu visión te alejen de la revelación de Dios, porque si lo haces, el resultado final será tu responsabilidad. La iluminación es subjetiva, por lo que siempre debe basarse en la revelación, que es objetiva. La revelación objetiva de Dios es su Palabra. Nehemías no permitió que su carga o su pasión le alejara de la revelación de Dios. Nehemías no permitió que sus propias emociones determinaran su curso de acción. Más bien, oró usando las propias palabras de Dios apelando a lo que Dios ya había dicho. Hizo algo que a mí me gusta decir que es tomar a Dios como rehén de su Palabra.

> Acuérdate ahora de la palabra que diste a Moisés tu siervo, diciendo: Si vosotros pecareis, yo os dispersaré por los pueblos; pero si os volviereis a mí, y guardareis mis mandamientos, y los pusiereis por obra, aunque vuestra dispersión fuere hasta el extremo de los cielos, de allí os recogeré, y os traeré al lugar que escogí para hacer habitar allí mi nombre (Neh. 1:8-10).

La carga de Nehemías le llevó directamente a Dios y a su Palabra para buscar una respuesta. Si tu carga no te lleva a Dios y a su Palabra, no es su visión para ti. Tu visión siempre te conectará con Dios mismo. Su visión para ti te dirigirá a Él.

En el tiempo de Dios

La visión de Dios para ti también sucederá de acuerdo con su calendario, no el tuyo. Observa que Nehemías terminó su oración con una petición para aquel mismo día:

> Te ruego, oh Jehová, esté ahora atento tu oído a la ora-
> ción de tu siervo, y a la oración de tus siervos, quienes
> desean reverenciar tu nombre; concede ahora buen éxito
> a tu siervo, y dale gracia delante de aquel varón. Porque
> yo servía de copero al rey (v. 11).

Dios había situado a Nehemías en una posición de gran responsabilidad: era copero del rey de Persia. Nehemías se percató de su
oportunidad a la luz de su pasión y carga, y le pidió a Dios que se
viera favorecido con la buena voluntad del rey, el cual podría ayudar
a aliviar su carga. (Por cierto, observa que Nehemías trabajaba en una
ocupación secular, en un ambiente secular, para un rey secular. Dios
puede usarte a ti donde quiera que estés para el avance de su reino).

No obstante, a pesar de que Nehemías pidió la ayuda divina en
ese día, Dios tenía un horario diferente. Los visitantes de Nehemías
habían llegado de Jerusalén en el mes de Quisleu (1:1), pero el rey
Artajerjes no se dio cuenta ni se mostró favorable a Nehemías hasta
el mes de Nisán, cuatro meses más tarde (2:1).

La situación de Nehemías nos muestra que debemos orar para
hoy, pero recordar que el horario de Dios es a menudo muy diferente
del nuestro. El momento oportuno lo es todo. A medida que Dios
te prepara para tu destino, Él también prepara todos los demás que
tendrán parte en ese destino. Él arregla todo para converger perfectamente en el momento oportuno. Las cosas tienen que ser ordena-
das, construidas y vinculadas entre sí exactamente en el momento
adecuado. Cuando llegue ese momento, todas las cosas tendrán que
trabajar juntas para llevar a cabo el propósito de Dios.

Sé auténtico

Ese día en el mes de Nisán, el rey se dio cuenta de la tristeza de
Nehemías y le preguntó qué le preocupaba. Nehemías abrió su corazón al rey de una forma auténtica; le mostró que su preocupación
era genuina. Esa es una de las razones por las que tu propósito está
vinculado a la pasión y la visión. La gente puede decir todas las cosas
correctas cuando comparten su visión, pero si su comunicación no
es auténtica, los que están escuchando van a detectarlo, y se sentirán

menos inclinados a participar o responder. La gente responde a la sinceridad, especialmente cuando está vinculada a la pasión y la visión, así como el rey respondió a su copero.

Cuando Nehemías expresó su visión y pasión por Jerusalén, el rey respondió favorablemente. Le dio permiso para hacer algo respecto a Jerusalén, y también le dio las herramientas, los recursos humanos, la seguridad y la libertad para llevar a cabo su visión. La pasión y la visión de Nehemías se fusionaron con su situación en la vida en el momento justo para llevarlo a su destino.

———————■———————

Amigo, Dios tiene un destino para ti. Descubres ese destino cuando empiezas a descubrir tu pasión. A medida que descubras lo que evoca tus emociones y preocupaciones más profundas, observa la manera en que Dios te lo revela y la forma en que eso corresponde a su Palabra. Busca a Dios. Haz que Él sea tu pasión más elevada, y Él te mostrará el camino. Haz que conocer y vivir su propósito para ti sea tu mayor preocupación, y Él le abrirá los ojos a tu destino.

Cuando tu pasión da a luz a tu visión, todo cambiará: tu vida, tus decisiones y tus prioridades. Experimentarás un nuevo fuego, impulso e intencionalidad.

Tu vida es como una moneda. Puedes usarla en la manera que quieras, pero solo una vez. Asegúrate de que la inviertes y no la desperdicias. Inviértela en aquello que es importante para ti y para los asuntos de la eternidad. Dios ha puesto ya tu destino dentro de ti. Él quiere darte una carga y una pasión por hacer lo que Él quiere que hagas. Céntrate en eso. Cuando lo hagas, podrás ver la visión que Dios quiere que se desarrolle en tu vida.

Los dones

Uno de los descubrimientos más grandes que puedes hacer como creyente y seguidor de Jesucristo tiene que ver con tus dones espirituales. Un don espiritual es una habilidad divinamente concedida que fortalece el cuerpo de Cristo a fin de servir de manera óptima al reino.

Al comenzar nuestra exposición sobre los dones espirituales, date cuenta de la diferencia entre dones espirituales y talentos. Un talento es una habilidad humana que las personas tienen en diferentes niveles. Beneficia a los que lo tienen, así como a la humanidad en general. No tienes que ser cristiano para tener talento; solo es preciso que seas un ser humano.

Pero un don espiritual es muy diferente de un talento. Es algo que Dios da a ciertos individuos, y está diseñado específicamente para servir a su pueblo y su plan en la expansión de su reino. Decimos que es un don espiritual ya que es dado por el Espíritu Santo y se utiliza por medio del poder del Espíritu Santo para los propósitos de Dios.

Un don espiritual puede que no sea algo en lo que tú mostrabas talento antes de ser creyente. A menudo la gente descubre sus dones espirituales cuando cultivan su relación con el Espíritu Santo. A veces, el don espiritual es completamente nuevo y viene en el momento de la salvación de una persona. Otras veces, Dios santifica un talento existente y lo transforma en un don espiritual.

En los círculos cristianos, a veces se oye decir que un cantante o predicador está "ungido". Ese término se refiere generalmente a un don espiritual porque la persona está ministrando más allá de sus talentos o habilidades. Por ejemplo, puede que Billy Graham no sea el mejor predicador del mundo en términos de habilidades técnicas o fundamentos de la oratoria, pero su don, o unción, evoca una respuesta en las personas que lo escuchan a diferencia de cualquier otro. De hecho, otros predicadores podrían recitar palabra por palabra los sermones del doctor Graham, pero no obtendrían la misma respuesta simplemente porque no tienen la misma unción.

Algunos músicos cristianos pueden cantar muy bien o tener actuaciones perfectas, pero no son capaces de dirigir a una congregación en un espíritu de adoración. Por el contrario, otros músicos cristianos no siempre cantan muy bien y puede que no tengan tanta experiencia o habilidad técnica, pero sí son capaces de llevar a la congregación a la presencia de Dios debido a su unción, o don. Una línea fina pero clara divide la actuación humana y el ministerio ungido. La actuación a menudo llama la atención hacia la persona, pero el ministerio llama la atención a Dios, que ungió a la persona.

> Dios te provee de todo lo necesario para cumplir su llamamiento en tu vida.

Muchos cristianos fallan en maximizar su llamamiento simplemente porque no son conscientes de sus dones. Pueden estar bloqueados tratando de utilizar sus talentos en vez de buscar a Dios para los dones que Él les ha dado o descubrir cómo Dios quiere transformar su talentos en dones. Otros cristianos no maximizan su llamamiento, porque ni siquiera se dan cuenta de que tienen un don. Si eres un creyente en Jesucristo, tienes por lo menos un don espiritual. Dios te ha dotado con las capacidades necesarias para cumplir con el destino para el cual te creó. Dios te provee de todo lo necesario para cumplir su llamamiento en tu vida. Así que, si estás luchando con algo que parece que no puedes hacer, eso significa que no estás en tu llamamiento o que todavía no has descubierto los dones que Dios te ha dado y que Él quiere que uses. Dios siempre te capacita para el propósito que tiene para ti.

Dones de gracia

> Pero a cada uno de nosotros fue dada la gracia conforme a la medida del don de Cristo. Por lo cual dice: Subiendo

a lo alto, llevó cautiva a la cautividad, y dio dones a los hombres (Ef. 4:7-8).

En este pasaje, Pablo nos presenta el concepto de los dones espirituales. Comienza diciendo claramente que Dios nos ha dado un don "a cada uno de nosotros". De modo que si los cristianos dicen que no tienen un don espiritual, ellos en realidad no son cristianos en absoluto, o aún no conocen sus dones espirituales. Si eres cristiano, tienes un don espiritual que es único para ti. Cada uno de nosotros tiene un don espiritual que es único en nuestro destino y vocación. Mi don espiritual puede estar en la misma categoría que el tuyo, pero no tiene la intención de lograr el mismo propósito, ya que cada uno de nosotros tiene un destino específico personalizado.

Después de informarnos de que todos y cada uno de nosotros hemos recibido un don, Pablo explica que es un "don de gracia". Tu don espiritual te ha sido dado por gracia y mi don espiritual me ha sido dado por gracia. En otras palabras, Dios recibe el reconocimiento por los dones. Tú y yo los tenemos por su gracia extraordinaria e insondable.

Dones en el nuevo reino

Pablo luego pasa a describir el proceso por medio del cual hemos recibido esta gracia. Comienza por darnos una cita muy pintoresca: "Subiendo a lo alto, llevó cautiva la cautividad, y dio dones a los hombres" (cp. Sal. 68:18). Pablo entonces nos da más detalles:

> Y eso de que subió, ¿qué es, sino que también había descendido primero a las partes más bajas de la tierra? El que descendió, es el mismo que también subió por encima de todos los cielos para llenarlo todo (Ef. 4:9-10).

Para comprender completamente el impacto de este pasaje, tenemos que revisar su historia. A la caída de la humanidad en el huerto del Edén, Satanás convenció a Adán y Eva de que le dieran a él su lealtad. Satanás confiscó los dones que Dios había destinado para la propagación de su reino, y comenzó a utilizarlos para promover su propia agenda. Satanás corrompió los talentos de la humanidad, que siempre tuvieron la intención de promover el reino de Dios, y empezó a usarlos para promover el reino del infierno. Hoy todavía los está utilizando en su intento de controlar nuestros medios de comunicación, las bellas artes, las escuelas, los hogares y las comunidades.

No obstante, cuando Jesucristo canceló el certificado del pecado en la cruz, Él abolió la autoridad de Satanás sobre la humanidad. En la cruz, Jesús comenzó el proceso de recuperar lo que Satanás le había robado y usarlo para el propósito original dado por Dios: el avance del reino de Dios.

Para comprender mejor esta realidad espiritual, usemos una ilustración física. Imaginemos un ejército —por ejemplo, el ejército romano del siglo I— que entra en un territorio enemigo y derrota a su ejército. La nación conquistadora se apoderaba de los recursos del enemigo y los utilizaba para promover sus propios intereses. Si alguien había sido un abogado talentoso bajo su gobierno anterior, ahora se convertía en un abogado talentoso a favor de Roma. Si alguien había sido un médico talentoso bajo su gobierno anterior, ahora administraba la medicina con el fin de fortalecer a Roma. Los talentos de los que habían sido derrotados serían ahora utilizados a favor del conquistador.

En el Edén, Satanás se apoderó de los talentos de la humanidad con el fin de promover su reino de tinieblas, e instaló una base militar enemiga y comenzó a utilizar los talentos de la humanidad para promover su agenda. Sin embargo, algo sucedió en el Calvario que lo cambió todo para siempre. En la cruz, Jesucristo pagó todo el precio por el pecado de la humanidad. Por tanto, como resultado de su muerte, sepultura, y resurrección, Dios puso todas las cosas bajo su autoridad:

> Y cuál la supereminente grandeza de su poder para con nosotros los que creemos, según la operación del poder de su fuerza, la cual operó en Cristo, resucitándole de los muertos y sentándole a su diestra en los lugares celestiales, sobre todo principado y autoridad y poder y señorío, y sobre todo nombre que se nombra, no sólo en este siglo, sino también en el venidero; y sometió todas

las cosas bajo sus pies, y lo dio por cabeza sobre todas las cosas a la iglesia, la cual es su cuerpo, la plenitud de Aquel que todo lo llena en todo (Ef. 1:19-23).

Dones costosos

Tras la muerte de Jesús en la cruz, Él "descendió a las partes más bajas de la tierra", llevó una multitud de cautivos a los lugares celestiales y dio dones a los hombres. ¿Te has dado cuenta de todo lo que tenía que suceder? Primero, Jesús tuvo que morir y sufrir el abandono de su Padre con el fin de pagar por los pecados de la humanidad. Luego tuvo que descender a fin de liberar y llevar con Él a la multitud de cautivos. Por último, resucitó, ascendió y se sentó a la diestra de Dios en los lugares celestiales.

Amigo, tu don no se consiguió de forma fácil ni barata. El don espiritual que has recibido le costó un gran precio a nuestro Señor y Salvador, Jesucristo.

El propósito de los dones

Como puedes imaginar, Él te dio su don para un propósito: fortalecer el cuerpo de Cristo al servir a su iglesia, "la plenitud de Aquel que todo lo llena en todo". Por tanto, tu don logra dos cosas. Primera, aumenta el impacto de tu ministerio para el cuerpo de Cristo (1 Co. 12:7; 1 P. 4:10). Segunda, proporciona un testimonio de tu fe a un mundo que observa (Mt. 5:16).

Llegará el día en que cada uno de nosotros comparecerá delante de Cristo Jesús para dar cuenta de cómo usamos los dones que Él nos dio. La pregunta no va a ser cuántos años fuiste a la universidad o en cuántos seminarios y talleres participaste para pulir tus habilidades. No, la cuestión se centrará en cómo utilizaste esos seminarios, talleres y grados universitarios para apoyar a la iglesia y el progreso de su reino de luz en un mundo lleno de oscuridad. ¿Cómo utilizaste los dones que Él te dio para el avance del reino de Dios en la tierra? Esa es la pregunta que tendrás que responder. Si tus habilidades y capacidades no contribuyeron al fortalecimiento de la Iglesia de Cristo y a la progresión de su reino, eran simplemente talentos que nunca llegaron a ser plenamente maximizados como dones espirituales.

Por ejemplo, si estás dotado en el área de la enseñanza, entonces, como una manera de maximizar ese don, debes descubrir cómo puedes utilizar tu don no solo dentro de la iglesia, sino también en la sociedad en general. Quizá podrías utilizar tu don enseñando en una escuela pública con el fin de llevar la luz de Cristo a un lugar oscuro. Tu don espiritual debería impactar al cuerpo de Cristo y al mundo entero.

Pablo hace referencia a este doble propósito de los dones espirituales: fortalecer la Iglesia e incrementar también su influencia en la sociedad.

> Y él mismo constituyó a unos, apóstoles; a otros, profetas; a otros, evangelistas; a otros, pastores y maestros, a fin de perfeccionar a los santos para la obra del ministerio, para la edificación del cuerpo de Cristo, hasta que todos lleguemos a la unidad de la fe y del conocimiento del Hijo de Dios, a un varón perfecto, a la medida de la estatura de la plenitud de Cristo (Ef. 4:11-13).

Los dones espirituales están diseñados para capacitar a la Iglesia, y la tarea de la Iglesia es extender el reino de Jesucristo. Sobre todo el versículo 12 nos dice que los dones son dados "a fin de perfeccionar a los santos para la obra del ministerio". No sé de ninguna otra forma de interpretar esa declaración que decir que nosotros —los santos— tenemos una tarea que hacer. Esa tarea es la edificación del cuerpo de Cristo para que el cuerpo de Cristo pueda extender el reino en la sociedad.

Tu labor de servicio

Muchos cristianos funcionan bajo la creencia de que los predicadores, misioneros, músicos cristianos, y otros que trabajan en la iglesia son los únicos que tienen labores "espirituales". Pero Dios ha dado a cada santo un don con el fin de edificar su cuerpo. La iglesia que pastoreo tiene un requisito para aquellos que quieren ser miembros:

deben estar de acuerdo en servir en un ministerio de la iglesia. Esto no es simplemente una manera de reclutar voluntarios para los diversos ministerios; más bien, sirve para que los creyentes en nuestra congregación se responsabilicen de utilizar sus dones espirituales.

He visto a muchas personas en nuestra iglesia descubrir sus dones espirituales por medio del proceso de servir. Muchos de ellos han pasado a utilizar esos dones profesionalmente, esos dones que estos creyentes previamente ni siquiera sabían que tenían. Ellos ahora están fortaleciendo la iglesia así como utilizando sus dones en la sociedad como sal y luz en un mundo necesitado.

> Tu labor de servicio es esencial porque Dios está llevando a toda su familia a una unidad de fe y a la madurez.

Tu labor de servicio es esencial porque Dios está llevando a toda su familia a una unidad de fe y a la madurez, como leímos antes. Tus dones espirituales incluyen tu personalidad, pasión, metas, habilidades y más, pero no son para ti. Dios te dio tus dones espirituales para que puedas ser una bendición para otros. Si esa bendición termina contigo, Dios no puede seguir bendiciendo y maximizando su obra en ti y a través de ti. Como ya mencioné antes, las bendiciones siempre son para el disfrute de las personas y para extender el favor de Dios en sus vidas. Tu don es para bendecir a otros.

Los dones ofrecen claridad

Cuando los creyentes intencionalmente desarrollan y usan sus dones espirituales, los efectos son enormes.

> Para que ya no seamos niños fluctuantes, llevados por doquiera de todo viento de doctrina, por estratagema de hombres que para engañar emplean con astucia las artimañas del error, sino que siguiendo la verdad en amor, crezcamos en todo en aquel que es la cabeza, esto es, Cristo, de quien todo el cuerpo, bien concertado y unido entre sí por todas las coyunturas que se ayudan mutuamente, según la actividad propia de cada miembro,

recibe su crecimiento para ir edificándose en amor (Ef. 4:14-16).

Cuando los creyentes sirven de acuerdo a sus dones, toman decisiones con claridad y no se confunden con "artimañas del error" o "todo viento de doctrina". Las decisiones claras crean acciones productivas a favor de la iglesia y los que están en ella. Además, los creyentes florecen y crecen cuando todo el cuerpo está bien armonizado y unido, y cada miembro emplea su propio don.

Una noche me levanté de la cama y, en la oscuridad, me golpeé el dedo gordo del pie contra la pata de una mesa. Tal vez te haya pasado lo mismo alguna vez. Ahora bien, yo sabía que me había hecho daño porque los nervios en mi dedo enviaron una señal al cerebro. Mi cerebro inmediatamente envió otra señal a mis cuerdas vocales, y todos en la casa se enteraron de que me acababa de aplastar mi dedo del pie. Al mismo tiempo, mi cerebro estaba diciendo a mi mano derecha que se extendiera y agarrara mi dedo. E igualmente le dijo a mi pie izquierdo que aguantara todo mi peso mientras sustentaba mi pie derecho. En una fracción de segundo, y sin siquiera pensarlo, todas las partes de mi cuerpo entraron en acción inmediata debido a que funcionan como una unidad "por todas las coyunturas". Funcionan como un cuerpo. Y es por eso que Dios dice que la iglesia es un cuerpo. Estamos para servir juntos a fin de impactar las vidas de los que nos rodean con la mayor eficacia posible.

El perfil de tu personalidad

Varios factores pueden ayudar a determinar tus dones espirituales, incluyendo tu personalidad. Tu personalidad es la parte de ti que te hace la persona que eres. Así como no hay dos personas que tengan exactamente la misma huella digital, no hay dos seres humanos que tengan exactamente la misma personalidad.

Tu personalidad te hace ser quien eres. A menudo nos referimos a ella como a tu alma. Tu alma se compone de tres partes: mente, emociones y voluntad. Es tu esencia; es mucho más que tu cuerpo. Cuando mueres, tu cuerpo queda en la tierra y, al final, se descompone. Sin embargo, tu verdadero yo, tu alma, irá al cielo o al infierno, dependiendo de si has confiado en Jesucristo para el perdón de tus pecados y tu salvación.

A pesar de que el alma de cada uno tiene los mismos tres componentes (mente, emociones y voluntad), las personas no expresan lo que sucede en esos componentes de la misma manera. Algunas personas son introvertidas. Pueden pensar profundamente, pensamientos complejos o sentir emociones fuertes y, no obstante, no expresarlos abiertamente. Luego están los extrovertidos y ¡la mayoría de las personas saben lo que están pensando o sintiendo antes de que entren en la sala! Cada uno de nosotros es diferente de todos los demás, porque cada alma (o personalidad) es única.

> Dios hizo tu personalidad para que se adaptara a tu destino.

Amigo, Dios te ha dado la personalidad que tienes porque encaja perfectamente con el destino que Él ha planeado para ti. Si tienes que convertirte en otra persona con el fin de cumplir un determinado propósito, eso significa que Dios quiere que alguien más lo haga. Ese no es tu propósito o tu destino. Dios hizo tu personalidad para que se adaptara a tu destino. Tu destino ha sido diseñado para fluir contigo.

Echa un vistazo a algunas de las personalidades de la Biblia. Pedro era un líder y portavoz impetuoso. Se equivocaba a menudo al hablar a destiempo. Dios usó la personalidad de Pedro al darle el poder para cumplir su destino: anunciar el inicio público de la iglesia. Pablo, en cambio, era un pensador estudioso. Dios lo usó para escribir gran parte de la teología en el Nuevo Testamento. Juan era la personalidad amorosa e íntima que le gustaba inclinar su cabeza en Jesús y relacionarse con Él. Dios usó a Juan para que escribiera sobre el poder de permanecer en Cristo (Jn. 15) y la importancia de las relaciones de amor (1 Jn. 3-4).

> Una sana conciencia de quién eres y cómo te hizo Dios te dará una idea de cómo Él quiere usarte.

A lo largo de las Escrituras vemos que Dios usó la personalidad de los individuos para ayudarlos a cumplir su destino. El llamado de Dios es coherente con la forma en que Él te creó. No tienes que cambiar tu personalidad para encontrar tu destino. De hecho, una sana conciencia de quién eres y cómo te hizo Dios te dará una idea de cómo Él quiere usarte.

Varias herramientas pueden ayudarnos a lo largo de nuestro camino de descubrimiento personal. Una de ellas es una prueba de personalidad conocida como la prueba DISC. Ninguna prueba de personalidad puede resumir todo acerca de todos, pero ver lo que somos y cómo funcionamos es a menudo interesante y esclarecedor.

Tu destino incluirá tus dones espirituales y también tu personalidad. Una de las formas más seguras de encontrar y cumplir aquello para lo que fuiste diseñado es examinando sinceramente la persona que Dios ha creado en ti. Esto implicará un poco de esfuerzo, pero vale la pena la inversión. Tú eres una persona única que Dios desea usar para bendecir a los demás y para el avance de su reino.

La experiencia 9

La vida suele sorprendernos con una variedad de situaciones. Unas son buenas, otras son malas y algunas son amargas.

Las cosas no siempre son buenas; pero gracias a Dios que tampoco son siempre malas. Sin embargo, a veces las cosas se ponen aún peor que malas, y esas son las cosas que nos dejan un sabor amargo, un residuo de sufrimiento injusto o inmerecido.

Las buenas experiencias en la vida nos traen beneficios positivos. Son productivas y agradables.

Las malas experiencias incluyen momentos en los que has hecho algo mal que ha perjudicado la situación, a ti mismo, o a otros. Si pudieras hacer retroceder las manecillas del tiempo, no tomarías esa misma decisión en tu vida de nuevo. Tal vez cometiste un error, caíste en un pecado, o sufriste un fracaso.

Las experiencias amargas dejan su huella en ti, a menudo sin que tú tuvieras culpa de ello. Alguien hizo que algo sucediera en tu vida, tal vez él o ella te maltrataron, descuidaron, abandonaron o abusaron. En un mundo de pecado, nos encontramos con experiencias amargas o personas amargadas casi a cada minuto. Por desgracia, la gente herida a menudo reacciona lastimando a otros, y eso hace que continúe un ciclo de amargura.

¿Por qué algunas personas viven sus destinos con éxito, mientras que otras van marcando sin rumbo en el reloj de la vida? La diferencia es a menudo la manera en que ven sus experiencias. Las personas exitosas lo ven todo —lo bueno, lo malo y lo amargo— a través de la lente del propósito. Se dan cuenta de que Dios es capaz de utilizar todo eso para llevar a cabo su llamamiento en sus vidas. Las personas sin rumbo y la gente amargada no pueden ver el hilo que conecta sus experiencias de vida con sus propios destinos. Los corazones de estas personas se van endureciendo, su sentido de culpa aumenta y no son capaces de salir adelante en la vida.

La forma en que manejas bien o mal tus experiencias pasadas tiene un gran impacto en tu futuro. Aprende de tu pasado, pero no vivas en él. Satanás no te va a permitir avanzar si consigue mantenerte mirando hacia atrás. ¿Eres fruto de una familia disfuncional? Dios puede usar eso para bien. ¿Alguien abusó de ti o te maltrató? Dios puede usar eso para bien. ¿Te pasaron de largo en un ascenso después de años de servicio dedicado? Dios puede usar eso para bien. ¿Has fracasado en tu matrimonio, se derrumbaron tus sueños, o te traicionó alguien en quien confiabas? ¿Tomaste algunas decisiones como adolescente que todavía te están afectando décadas más tarde?

> Las personas exitosas lo ven todo —lo bueno, lo malo y lo amargo— a través de la lente del propósito.

Dios puede y va a utilizar todo en tu pasado para bien —lo bueno, lo malo y lo amargo— si se lo permites. Resiste la tendencia de vivir con un corazón endurecido y amargado. Avanza más allá de tu pasado. Dios quiere usar lo bueno, lo malo y lo amargo para encaminarte a tu destino.

Lo bueno

El apóstol Pablo es el portavoz más importante del cristianismo. Nadie puede competir con él. Es el teólogo oficial de la iglesia y escribió la constitución de esta: la carta a los Romanos. De hecho, escribió 13 de los 27 libros del Nuevo Testamento. Dios pudo haber usado solo su gran capacidad, pero, en cambio, utilizó algunas cosas en el trasfondo de Pablo para facilitar su misión de difundir la fe cristiana. Dios obró por medio de Pablo, no solo espiritualmente, sino también académicamente.

En el libro de Filipenses encontramos la hoja de vida de Pablo. Como sabes, una hoja de vida es importante porque vincula tu desempeño en el pasado con tus posibilidades futuras. Una hoja de vida enumera dónde has trabajado y qué experiencias han formado a la persona que eres. La mayoría de nosotros tenemos una hoja de vida que demuestra la continuidad en nuestra vida.

Una hoja de vida no solo dice dónde has trabajado, sino también pone de relieve tu dedicación y fidelidad. Dice cuánto tiempo has trabajado en el lugar que has trabajado. Una hoja de vida que enumera nuevos puestos de trabajo cada seis meses no va a ser una nota positiva en tu entrevista de trabajo. Eso implica que los empleadores no pueden depender de ti para un largo periodo de tiempo.

Una hoja de vida dice mucho. Pero, la mayoría de las veces, la gente trata de poner en ella las mejores cosas que han hecho. Eso es lo que Pablo hizo en la suya. Ten en cuenta que este resumen de su vida incluye elementos que son anteriores a su conversión a Cristo:

> Si alguno piensa que tiene de qué confiar en la carne, yo más: circuncidado al octavo día, del linaje de Israel, de la tribu de Benjamín, hebreo de hebreos; en cuanto a la ley, fariseo; en cuanto a celo, perseguidor de la iglesia; en cuanto a la justicia que es en la ley, irreprensible (Fil. 3:4-6).

Pablo nos dice que, en realidad, nadie tenía más para presumir que él. En cuanto a jactarse de los logros humanos, él estaba a la cabeza de la lista. Al afirmar que fue circuncidado al octavo día, declaraba que sus padres eran muy religiosos porque guardaban la ley del Antiguo Testamento. Pablo nos estaba diciendo que fue criado correctamente. Mostró el profundo compromiso de sus padres para educarle en el camino judío correcto. Su vida se inició en un hogar sólido.

Luego dijo que era de la nación de Israel, lo que significa que era de la nacionalidad que fue bendecida por Dios de forma única. Había nacido en el mejor lugar del mundo. También nos dijo que era de la tribu de Benjamín, lo que indica que era de la mejor clase en la nacionalidad correcta. La tribu de Benjamín fue una de solo dos tribus que permanecieron fieles a Dios cuando el reino se dividió en dos. Pablo lo resumió diciendo que él era "hebreo de hebreos". En otras palabras, era un judío superior. En nuestro lenguaje urbano, Pablo podría haber dicho: "Yo soy judío y estoy muy orgulloso de serlo".

Ser hebreo de hebreos significaba que Pablo era especial. Fue a las mejores escuelas, logró las más altas calificaciones y llegó rápidamente a la cima. Algunos comentaristas creen que incluso fue miembro del Sanedrín, el consejo de gobierno judío.

Todas esas cosas podían ser clasificadas como buenas en la historia de Pablo. Y Dios usó esas experiencias para prepararle para lo que Él quería que hiciera. Cuando Dios necesitó a alguien para dirigir la iglesia, escribir la teología de esta, debatir con los líderes religiosos que se oponían a la iglesia, fomentar la causa de Cristo, tanto académica como socialmente —a alguien que pudiera hablarle al César y a la clase alta en Roma, y que también pudiera ir a aquellos que más sufrían en las ciudades—, Dios encontró a un hombre cuya hoja de vida incluía elementos que Él podía santificar y utilizar para cumplir su propósito.

> Dios puede santificar tus experiencias pasadas para dirigirte a tu destino.

Santificar es apartar algo para que Dios lo use. Pablo experimentó muchas cosas antes de su salvación que Dios usaría más tarde para sus propósitos, y Dios puede hacer lo mismo contigo. Él puede santificar tus experiencias pasadas en los negocios, en los logros personales y tu éxito en el mundo… Dios puede santificarlo todo para dirigirte a tu destino.

Antes de que fueras salvo, o antes de que dedicaras tu vida a buscar a Dios y su propósito para ti, Él ya había reconocido las experiencias que necesitabas para cumplir tu destino. Las cosas que tenías a tu favor en ese entonces, Dios todavía puede querer usarlas hoy. La formación que recibiste, la familia donde te criaste, tus oportunidades de empleo… Dios tenía un propósito en todo eso. Ahora Él quiere santificar esas experiencias y utilizarlas para cumplir tu destino.

Pablo tenía todos los ingredientes y experiencias básicas que Dios quería usar. Y tú también los tienes. Dios tiene un propósito para ese título, educación, formación, trabajo, relación, mentor, éxito y todo lo demás que te formó para bien. Dios quiere santificar lo mejor de tus experiencias y utilizarlas en tu destino.

Lo malo

Cabe esperar que Dios use nuestras buenas experiencias para sus propósitos, pero podríamos preguntarnos cómo un Dios santo puede usar nuestros errores, fracasos, y hasta nuestras decisiones pecaminosas para el bien que Él quiere.

Una de las mejores cosas de la gracia de Dios es su capacidad de convertir un desastre en un milagro. No estoy diciendo que Dios respalde errores o fallos o que Él acepte el pecado. No lo hace. Sin embargo, Dios puede usar nuestros errores y fracasos para equiparnos mejor para llegar a nuestro destino.

Hemos visto cómo Dios usó las buenas experiencias de Pablo para su propósito. Ahora quiero echar un vistazo a Pedro, mi personaje favorito en la Biblia. Pedro es mi favorito porque siempre tenía algo que decir. Siempre quería estar al mando. No dejaba que nadie hablara, dirigiera, predicara, o pareciera más devoto que él. Pedro estaba siempre al frente, tratando de tener el control de la situación.

> Dios puede usar nuestros errores y fracasos para equiparnos mejor para llegar a nuestro destino.

Sin embargo, a veces, Pedro hablaba sin pensar. De hecho, Pedro incluso se enfrentó a Satanás, y perdió a lo grande.

> Simón, Simón, he aquí Satanás os ha pedido para zarandearos como a trigo; pero yo he rogado por ti, que tu fe no falte; y tú, una vez vuelto, confirma a tus hermanos (Lc. 22:31-32).

Jesucristo predijo el fracaso de Pedro. No obstante, a pesar de que esas palabras las dijo el Señor mismo, Pedro pensó que él lo tenía todo bajo control. Su respuesta habla de su propia ingenuidad: "Señor, dispuesto estoy a ir contigo no sólo a la cárcel, sino también a la muerte" (v. 33).

Pedro no aceptó la predicción de Jesús. No se daba cuenta de su propia debilidad. Le dijo a Jesús que él era el hombre del cual podía depender, que él sería su apoyo principal y que estaba incluso dispuesto a morir antes de negar a Cristo.

A lo que Jesús respondió rápidamente: "El gallo no cantará hoy antes que tú niegues tres veces que me conoces" (v. 34).

Eso es exactamente lo que pasó. Pedro negó tres veces conocer al mismo Señor que unas horas antes había dicho que estaba dispuesto a morir por Él.

Dios permitió que Pedro pasara por esta situación, y Él la utilizó para prepararle mejor para el ministerio. Jesús ya había dicho por qué: "Confirma a tus hermanos". Nos metemos en algunos problemas, cometemos algunos errores y pecados simplemente por nuestras propias debilidades, defectos o rebelión. Sin embargo, Dios nos permite caer en algunos errores porque sabe que cuando volvamos, seremos más fuertes: tendremos una perspectiva más profunda y nuestra dedicación será más genuina. A veces, Dios permite que Satanás nos haga tropezar porque así puede enseñarnos algo sobre nosotros mismos y sobre Él.

> Dios nos permite caer en algunos errores porque sabe que cuando volvamos, seremos más fuertes.

Las Escrituras nos dicen que cuando el gallo cantó y Pedro se dio cuenta de su propio pecado, lloró. Los fracasos no pueden ser peores que ese: negar al Señor después de haber dicho públicamente que iba a morir por Él. Pedro negó a Jesús abiertamente; pero, después de que lo hizo, su arrepentimiento dio fruto en su corazón. Produjo una humildad auténtica que alguien tan tenaz y capaz como Pedro necesitaba con el fin de que Dios pudiera usarle para alcanzar a miles de personas.

Cuando nos arrepentimos de nuestras malas experiencias, Dios las usa para hacernos más fuertes. Él no las excusa ni elimina las consecuencias, pero Él es más grande que nuestros fracasos.

Dios no le dio la espalda a Pedro por causa de su pecado, sino que hizo todo lo contrario. Se aseguró de que Pedro supiera que Él todavía estaba allí y que aún estaba interesado en él. El ángel en la tumba dijo específicamente cuando habló de la resurrección de Cristo: "id, decid a sus discípulos, *y a Pedro*..." (Mr. 16:7). "No se olviden de Pedro", estaba diciendo el ángel. "Sé que él ha cometido un gran error. Sé que traicionó a Jesús. Y es por eso que le menciono por nombre. Dios quiere que él sepa que todavía se preocupa por él".

El ángel mencionó a Pedro para asegurarle que su negación no destruiría su destino. Dios tenía un plan y un propósito para Pedro. De hecho, Jesús le señaló para el ministerio, como leemos en Juan 21. Jesús prepara el desayuno de Pedro sobre un fuego de leña semejante al que estaba delante de Pedro cuando negó conocer a Jesús, e hizo saber a Pedro que Él todavía tenía un plan para él. A pesar de los fracasos de Pedro, Dios todavía tenía un propósito para él, al igual que Dios tiene un plan y un propósito para ti. A pesar de tus fracasos, errores y pecados, Dios te llama por tu nombre. Escucha y le oirás. Él todavía tiene una bendición para ti y un destino para que lo cumplas.

Los edificios a veces se derrumban. Colapsan y dejan muchos escombros para limpiar a fin de que se pueda comenzar el proceso de reconstrucción. A veces, lo mismo parece suceder en nuestras vidas, pero la esperanza de tu vida cristiana es que Jesucristo puede convertir los escombros y las cenizas en algo nuevo.

> Puede que hayas fallado, pero tú no eres un fracaso.

Pedro había prometido que nunca abandonaría a Jesús, sin embargo, el gallo cantó. Amigo, ¿cuándo canta un gallo? Canta temprano en la mañana, al comienzo de un nuevo día. Si el gallo ha cantado después de una noche de fracaso, eso solo significa que el sol está saliendo y tú puedes empezar de nuevo. La Biblia está llena de hombres y mujeres que fallaron y, sin embargo, descubrieron su destino y Dios los usó en gran manera, personas como Moisés, Abraham, David, Sara, Salomón y Rahab.

Puede que hayas fallado, pero tú no eres un fracaso. Eso no es lo que eres tú. En Cristo, eres una nueva creación. Dios puede usar los errores de ayer para fortalecerte para un mañana más brillante. Busca a Dios en tu desastre. Hazle saber que no estás orgulloso de ello, que te gustaría poder deshacerlo… pero ya que está ahí y es una realidad, tú quieres que Él lo transforme y lo use para bien.

Dios puede usar el mal para bien. Permíteselo. Acepta su gracia y misericordia. Él tiene un plan para ti.

Lo amargo

Más que ningún otro relato en la Biblia, la historia de José ilustra cómo Dios puede usar las cosas amargas en tu vida para dirigirte a su propósito. Las cosas amargas son las situaciones que tú no las has causado ni podías controlarlas. Más bien, alguien o algo te afectó negativamente de alguna manera.

José nació en una familia disfuncional. Su padre, Jacob, fue un engañador desde que nació. Algunos de sus hermanos fueron asesinos, y uno tuvo un desliz con la esposa de su padre. Otro tuvo un amorío con su propia nuera. Un programa de televisión que mostrara la realidad de la familia de José probablemente no podría transmitirse en horario de máxima audiencia. Sería muy arriesgado incluso para los espectadores de hoy día.

José fue el undécimo de doce hijos varones. Sus problemas comenzaron cuando sus hermanos se dieron cuenta de que su padre lo amaba más. "Y amaba Israel a José más que a todos sus hijos, porque lo había tenido en su vejez" (Gn. 37:3). Jacob (o Israel, el padre de José) no ocultó su favoritismo. De hecho, lo mostró en público al darle a José una túnica de varios colores.

Como cabe esperar, eso hizo que los hermanos de José se pusieran celosos. Para empeorar la situación, José tuvo un sueño y se lo contó a sus hermanos. En el sueño, su familia se inclinaba ante él. En vez de sentarse y esperar a que ese sueño se hiciera realidad, los hermanos decidieron matar a José.

Rubén, el hermano mayor, defendió a José e intervino. Pidió a sus hermanos que, en vez de matarle, fingieran su muerte y lo echaran en un pozo. Los hermanos más tarde vendieron a José como esclavo a una caravana de madianitas que iba en dirección a Egipto.

Si alguien sabía lo que era ser tratado injustamente, ese era José. Sus hermanos lo dieron por muerto, lo vendieron como esclavo y mintieron sobre él a su padre. José pudo haber arrastrado mucho rencor junto con sus cadenas en su camino a su nuevo destino.

En Egipto, las cosas se pusieron aún peor para José. Fue vendido como esclavo a un alto funcionario llamado Potifar, y Dios comenzó a bendecirle. Leemos: "Jehová estaba con él y... todo lo que él hacía, Jehová lo hacía prosperar en su mano" (Gn. 39:3). Debido a esto,

José comenzó a tener la confianza de su supervisor, lo cual fue maravilloso, hasta que también llamó la atención de la mujer de Potifar. En el versículo 6 se nos dice que "era José de hermoso semblante y bella presencia", por lo que ella también pensó en un par de cosas que quería que José hiciera, cosas en las que ella participaría.

José no podía atender sus peticiones o insinuaciones sexuales porque no quiso pecar contra su amo y contra su Dios. El infierno no tiene furia como la de una mujer despreciada, y la esposa de Potifar no fue la excepción. Rápidamente acusó a José de violación, y lo encarcelaron.

Estar encarcelado por hacer el bien debió haber sido una experiencia muy amarga para José. Fue a la cárcel por las mentiras de otro. Ya fue bastante malo que su familia le perjudicara, pero hacer un excelente trabajo solo para que mientan contra ti, te envíen a la cárcel y te priven de todo lo que habías trabajado para lograr... eso pudo haber dejado un sabor muy amargo en la boca de José.

Sin embargo, incluso en la cárcel, "Jehová estaba con José y le extendió su misericordia, y le dio gracia..." (Gn. 39:21). Debido a esto, José fue promovido a un puesto de responsabilidad en la cárcel. José no se sentó, ni se puso de mal humor, ni se amargó. Más bien, se puso a trabajar haciendo todo lo mejor que pudo con lo que tenía allí dónde estaba.

Cuando las cosas se ponen amargas, no debemos preguntar: "¿Por qué estoy pasando por esto?". Más bien, deberíamos preguntar: "Señor, ¿cómo quieres usar esto para ayudarme a cumplir mi destino?". Cuando no haces la pregunta correcta, te sientes frustrado. Vas a pasar tu tiempo pensando en lo que es justo y lo que no lo es, en vez de procurar ver lo que Dios va a hacer.

José no permitió que lo que pasó le amargara. Más bien, actuó con responsabilidad en la tarea que le habían dado. Después de un tiempo en la cárcel, un par de compañeros de prisión tuvieron sueños.

> "Señor, ¿cómo quieres usar esto para ayudarme a cumplir mi destino?".

Dios facultó a José para interpretar los sueños, y dijo a sus amigos el significado de lo que habían visto. Un hombre, que había sido copero del rey, había soñado con ser liberado y reintegrado a su puesto, y José le pidió que se acordara de él cuando eso sucediera.

"Y el jefe de los coperos no se acordó de José, sino que le olvidó" (Gn. 40:23). Justo cuando José pensó que podría venir un cambio, su situación se hizo aún más amarga. El jefe de los coperos fue puesto en libertad y restituido a su antiguo puesto, tal como José había dicho que sucedería. Sin embargo, se olvidó de José, hasta que el faraón tuvo un sueño que no podía interpretar.

Por fin, el copero se acordó de José, y lo llamó para interpretar el sueño del faraón. El faraón quedó claramente impresionado:

> Y dijo Faraón a José: Pues que Dios te ha hecho saber todo esto, no hay entendido ni sabio como tú. Tú estarás sobre mi casa, y por tu palabra se gobernará todo mi pueblo; solamente en el trono seré yo mayor que tú (Gn. 41:39-40).

Sin esperarlo, José fue llevado desde la cárcel directamente a la presencia del faraón. Y, al fin, Dios cumplió el sueño que le había dado a José y le colocó en un lugar de poder sobre su familia. Los mismos hermanos que una vez le habían traicionado y le vendieron como esclavo, más tarde se arrodillaron ante él (aunque ellos no le reconocieron), pidiendo comida durante una hambruna. A través de una serie de sucesos, los hermanos de José terminaron a solas con él, y él decidió darse a conocer a ellos. Mandó a todos los demás que salieran y pidió a sus hermanos que se acercaran a él, y les mostró que él era realmente su hermano José. Para entonces, José vestía y hablaba como un egipcio. Sin embargo, José todavía llevaba la marca de un hebreo: estaba circuncidado. Dándose a conocer a sus hermanos, José trató de consolarlos con su sabiduría. "Ahora, pues, no os entristezcáis, ni os pese de haberme vendido acá; porque para preservación de vida me envió Dios delante de vosotros" (Gn. 45:5).

Unos pocos capítulos después, José pronunció la más grande declaración de la Biblia sobre el destino: "Vosotros pensasteis mal contra mí, mas Dios lo encaminó a bien, para hacer lo que vemos hoy" (Gn. 50:20). El escenario amargo que otros prepararon para José y que él sufrió injustamente fue transformado en algo bueno cuando Dios llevó a cabo su propósito perfecto.

Amigo, si has tenido experiencias amargas —situaciones que tienen el potencial para amargarte—, eso no tiene la última palabra. No son los factores decisivos que definen quién eres. Si tus padres, tu cónyuge, o empleador no te trataron bien; si estás luchando con enfermedades, adicciones o inseguridades emocionales… nada de eso define tu destino.

A veces las personas te tratan mal y, mientras se alejan, afirman que nunca serás capaz de lograr nada por tu cuenta. Te llenan la cabeza con mentiras de derrota, pero son *mentiras*. Esas personas pueden haberte abandonado, pero su marcha ha abierto la puerta para que personas apropiadas entren en tu vida. Si algunos están poniendo pensamientos negativos en tu mente y espíritu, ellos no son parte del destino que Dios tiene para ti. Sí, Dios puede usarlos para hacerte humilde, para fortalecerte y para que avances por el camino hacia tu meta.

> Las experiencias amargas no definen tu destino.

Pero, en vez de aferrarte a relaciones negativas que te desgastan, deja que se vayan. Tú eres producto de tu pasado, pero no un prisionero. Déjalos ir. Deja que se vayan.

Así como Dios reunió a José y sus hermanos, Dios puede traer gente de vuelta a tu vida cuando estén listos para relacionarse contigo de una manera productiva y sana. Pero hasta entonces, déjalos que se vayan. No permitas que los sucesos amargos o personas amargas te impidan alcanzar y optimizar tu destino en todos los sentidos. Sé que duele cuando la gente se vuelve contra ti. Pero recuerda las palabras de José: "Vosotros pensasteis mal contra mí, mas Dios lo encaminó a bien, para hacer lo que vemos hoy". Déjalos ir. Deja que la amargura se vaya. Dios permitió que esas personas negativas y aquellas circunstancias negativas te hicieran lo que eres hoy. Así como Él tenía un plan para José, Él tiene un plan para usar todos los acontecimientos amargos en tu vida para bien. En algún momento, Él obrará a través de ti para que ayudes a alguien que ha sido herido, abandonado, abusado, quebrantado… alguien que busca la esperanza.

Considera tu dolor teológicamente, no socialmente. No te limites a decir: "Eso no es justo". Más bien, di: "Señor, aunque esto no es justo, creo que vas a utilizarlo para que yo pueda cumplir mi destino. Confío en que uses las experiencias amargas de mi vida para tu gloria".

Es verdad, no es justo. Eso que te ha pasado y sobre lo cual no tenías control, no es justo. Pero Dios es un maestro en cambiar cosas injustas en milagros cuando se lo permitimos. Elije no bloquear su obra en tu vida al albergar amargura, ira y odio. Dile que lo que pasó no era justo, y luego dile que vas a dejarlo ir, y esperar a ver cómo Él lo usa para bien. Dios es un Dios justo. Déjalo en sus manos. Él hará justicia si tú te apartas y se lo permites. Confía en Él, con la fe más auténtica y profunda dentro de ti.

Dios puede hacer que las cosas amargas de tu vida sean mejores. Puede hacer que las cosas buenas resulten grandes y puede cubrir el mal con su gracia. En el próximo capítulo, veremos cómo lo bueno, lo malo y lo amargo pueden cruzarse y llevarte a tu destino.

Las intersecciones 10

Tú tienes una misión que cumplir. Tienes un destino. Hemos visto cómo tu destino tiene que ver con tu pasión, visión, dones y experiencias. Ahora quiero hablar de cómo todo eso se conecta en lo que yo llamo una *intersección divina*.

Una intersección es un lugar donde las cosas convergen. Al llegar a un cruce cuando vas conduciendo, los autos que vienen de una dirección convergen con los que vienen de otra dirección. Se cruzan.

Una forma de descubrir tu destino es observar cómo se cruzan las partes de tu vida de una manera ordenada por Dios.

Buscando asnas

En 1 Samuel encontramos uno de los más grandes ejemplos bíblicos de una intersección divina. Leemos acerca de Saúl, quien más tarde sería elegido como el primer rey de Israel, que andaba en sus tareas habituales de cuidar de las asnas de su padre. Un día, algunas de las asnas se extraviaron.

> Y se habían perdido las asnas de Cis, padre de Saúl; por lo que dijo Cis a Saúl su hijo: Toma ahora contigo alguno de los criados, y levántate, y ve a buscar las asnas. Y él pasó el monte de Efraín, y de allí a la tierra de Salisa, y no las hallaron. Pasaron luego por la tierra de Saalim, y tampoco. Después pasaron por la tierra de Benjamín, y no las encontraron (1 S. 9:3-4).

En los días de Saúl, se utilizaban los asnos para llevar cargas. Los asnos eran tan comunes como son los vehículos hoy. Así que cuando las asnas del padre de Saúl desaparecieron, él se preparó para ir a buscarlas. No estaba haciendo nada especial o inusual; simplemente cumplía con su rutina habitual. Sin embargo, esta vez no pudo encontrar las asnas. Saúl buscó en varios lugares, pero no las encontró.

Después de dedicar suficiente tiempo a buscar las asnas, Saúl adoptó la mentalidad de los que abandonan. "Cuando vinieron a la tierra de Zuf, Saúl dijo a su criado que tenía consigo: Ven, volvámonos; porque quizá mi padre, abandonada la preocupación por las asnas, estará acongojado por nosotros" (v. 5). En otras palabras, Saúl dijo: "Se acabó. La búsqueda ha terminado. Vamos a dejarlo y volvamos a casa".

Saúl no estaba dispuesto a dedicar más tiempo a una tarea mundana que parecía interminable. A causa de su frustración y desesperación, quería tirar la toalla. Pero, justo en ese momento, el siervo de Saúl le aconsejó seguir adelante. Sugirió que buscaran a un hombre de Dios que pudiera ser capaz de ayudarlos.

¿Por qué hablar con un hombre espiritual (un profeta) acerca de un problema natural (asnas perdidas)? El siervo de Saúl pasó hábilmente de la frustración terrenal de Saúl a la comprensión celestial. Conectó la actividad rutinaria con el reino espiritual. El siervo trajo el cielo a la tierra con el fin de escuchar a Dios acerca de lo cotidiano, que es fundamental para el descubrimiento de las intersecciones divinas en la vida.

> Empezamos a descubrir nuestras intersecciones divinas cuando buscamos a Dios en medio de nuestras actividades cotidianas normales.

Algunos de nosotros tenemos una visión tan etérea de Dios que Él solo existe fuera del reino de la vista y el sonido. Pero Dios está íntimamente involucrado en las actividades cotidianas de la vida (Dt. 4:7; Mt. 10:29-30). Empezamos a descubrir nuestras intersecciones divinas cuando buscamos a Dios en medio de nuestras actividades cotidianas normales. Cuando mantengamos nuestros ojos abiertos a lo espiritual, veremos lo espiritual. Pero si mantenemos nuestros ojos enfocados en lo natural, perderemos la oportunidad de ver lo espiritual.

Cuando Saúl y su criado andaban buscando las asnas, el criado dio a Saúl un consejo valioso. Le dijo que fuera a ver al profeta, que en este caso era Samuel.

Conexión en la intersección

Al llevar a cabo tu rutina normal, Dios establece situaciones e intersecciones para que entres. Mientras te preparas para el destino y futuro que tiene para ti, Él también prepara a otros para ti. Él crea el escenario perfecto para situaciones y personas en tu vida a fin de que se conecten en el momento justo, para llevarte a cumplir tu destino.

Tú puedes pensar que tienes una carrera sin futuro en estos momentos. O tal vez no ves la finalidad en cambiar pañales, lavar ropa y hacer de chófer para llevar a tus hijos a sus diferentes actividades. Quizá has tenido un sueño en tu corazón —una pasión— desde hace bastante tiempo y, sin embargo, no ves ninguna conexión real entre ese sueño y tus actividades diarias actuales. Si te sientes así, recuerda a Saúl y sus asnas. Cuando Saúl andaba vagando por el campo sin hacer nada más importante que cambiar un neumático desinflado, ir a que le cambien el aceite, o en busca de un medio de transporte, Dios estaba ocupado conectando la intersección de Saúl. Estaba hablando con el profeta al cual el siervo de Saúl le llevaría:

> Y un día antes que Saúl viniese, Jehová había revelado al oído de Samuel, diciendo: Mañana a esta misma hora yo enviaré a ti un varón de la tierra de Benjamín, al cual ungirás por príncipe sobre mi pueblo Israel, y salvará a mi pueblo de mano de los filisteos; porque yo he mirado a mi pueblo, por cuanto su clamor ha llegado hasta mí (1 S. 9:15-16).

¿Te diste cuenta de la conexión? Saúl no anda buscando un reinado, sino unas asnas extraviadas. Sin embargo, Dios le comunica a Samuel que Él tiene un propósito y un plan para este hombre. Le dice que se prepare porque Él está a punto de hacer una conexión divina en una intersección terrenal.

En realidad, vemos a Dios preparando una conexión de tres vías. Al final del versículo 16, leemos: "Yo he mirado a mi pueblo, por cuanto su clamor ha llegado hasta mí". En una dirección, vemos a Saúl buscando asnas. En otra vemos a Samuel que busca a un hombre para ungir. Y, en otra dirección, el pueblo de Dios está clamando por un líder. Dios intercepta cada una de estas en el momento justo para hacer que esos caminos se crucen.

Sin embargo, ten en cuenta que Saúl encontrará a Samuel solo si escucha a su siervo y no abandona. Saúl quería tirar la toalla, pero alguien en su vida estaba dispuesto a empujarle y orientarle en la dirección correcta. Como Saúl, es absolutamente necesario que tengas personas en tu vida que no te dejen abandonar. Hay momentos en la vida en los que realmente quieres echarte a llorar y abandonar. La vida se pone bien dura y difícil. No ves ningún cambio en el horizonte. Si estás en el camino hacia el propósito de Dios para ti, necesitas a alguien que te anime a seguir adelante, a proseguir y mantener la esperanza.

> Es absolutamente necesario que tengas personas en tu vida que no te dejen abandonar.

Ese alguien puede ser un amigo. Podría ser tu pastor, un predicador en la televisión o la radio, un artículo que leas, una publicación en Facebook o Twitter, o un libro. Asegúrate de estar allí donde puedes recibir aliento porque encontrarás resistencia a lo largo de la ruta hacia tu destino. Enfrentarás dificultades cuando andas buscando tus propias asnas. El aburrimiento puede tentarte a abandonar. A menos que aprendas a conectar lo físico con lo espiritual, lo ordinario con lo extraordinario, te vas a perder tu unción. Las asnas de la vida son herramientas en la mano del Maestro, y te pueden guiar directamente a tu destino.

Saúl no andaba por ahí tratando de encontrar su destino, sino procurando encontrar sus asnas. Sin embargo, mientras hacía eso, descubrió su destino. Cuando vinculó a Dios con sus asuntos ordinarios (con la ayuda de su criado), el resultado fue extraordinario. No solo eso, sino que lo puso en condiciones de ayudar a otros. Ten en cuenta que tus intersecciones divinas en la vida no te afectan solo a ti, sino que siempre van a beneficiar, de alguna manera, al pueblo de Dios y promover su reino.

La intersección divina de Saúl fue el resultado de que Dios escuchara el clamor de su pueblo. Saúl era la respuesta que Dios estaba preparando para ellos. Los propósitos de Dios siempre están asociados con la perspectiva de su reino. De hecho, tú puedes ser la respuesta a la oración de otra persona si te animas a estar disponible para buscar a Dios y su reino en vez de simplemente mantener los ojos en las asnas.

La Palabra de Dios para ti

Cuando Samuel vio a Saúl, Dios le reveló que ese era el hombre del que le había hablado. Así que Samuel le invitó a cenar y le dijo que tendría un mensaje para él a la mañana siguiente. Tras una noche de cena, Samuel le dijo a Saúl que enviara a su siervo por delante de ellos, porque quería darle a Saúl una palabra de parte de Dios. Saúl había acudido al profeta en busca de sus asnas, pero estaba a punto de recibir algo mucho más grande que eso porque Dios tenía una palabra para él. La palabra de Dios es siempre mayor que lo que estás buscando. Su propósito para ti es mucho más grande de lo que has imaginado. Y, no solo eso, la palabra de Dios es personal.

> El propósito de Dios para ti es mucho más grande de lo que has imaginado.

Samuel dijo: "Dile al criado que se adelante, pero tú quédate un momento, que te voy a dar un mensaje de parte de Dios" (1 S. 9:27, NVI). Quiero estar seguro de que notas la diferencia. Las palabras *"te voy a dar un mensaje de parte de Dios"* son muy importantes porque una palabra de Dios *para ti* es muy diferente de la Palabra de Dios. El Nuevo Testamento se refiere al *logos*, que nosotros a menudo entendemos como la Palabra escrita. *Rhema* es otro término griego para *palabra*. Se refiere a menudo a una palabra hablada de Dios, o a una palabra de Dios *para ti*. Dios a veces hace resaltar un pasaje en tu alma, como cuando escuchas un sermón predicado que tiene tu nombre escrito por todas partes.

A veces la gente lee su Biblia y dice: "Fui bendecido por ese pasaje", o vienen al templo y dicen: "Me conmovió el mensaje de hoy". Pero eso es diferente de alguien que dice: "Dios me dijo exactamente lo que necesito hacer a través de este pasaje [o sermón]". Es por eso que la Palabra de Dios dice: "No menosprecies las profecías" (1 Ts. 5:20). No rechaces una palabra de Dios para ti.

Por supuesto, debes poner a prueba el espíritu detrás de la afirmación porque el *rhema* de Dios nunca va a contradecir su *logos*. La gente puede afirmar: "Jesús me dijo que te dijera esto y lo otro", pero eso no garantiza que tengan una palabra profética. Su anuncio debe estar en línea con las Escrituras. Además, Dios a menudo lo confirma también a través de circunstancias o situaciones, tal como lo hizo en el caso de Saúl. Pasar de buscar asnas a gobernar una nación no es un cambio pequeño. Samuel no esperaba que Saúl aceptara sin más su palabra. Predijo una serie de circunstancias que confirmarían al corazón y alma de Saúl que lo que Samuel le había hablado era cierto. A veces llamamos a esto señales o confirmaciones. Son situaciones que Dios permite para validar su *rhema*. En el caso de Saúl, hubo muchas.

Tomando entonces Samuel una redoma de aceite, la derramó sobre su cabeza, y lo besó, y le dijo: ¿No te ha ungido Jehová por príncipe sobre su pueblo Israel? Hoy, después que te hayas apartado de mí, hallarás dos hombres junto al sepulcro de Raquel, en el territorio de Benjamín, en Selsa, los cuales te dirán: Las asnas que habías ido a buscar se han hallado; tu padre ha dejado ya de inquietarse por las asnas, y está afligido por vosotros, diciendo: ¿Qué haré acerca de mi hijo? Y luego que de allí sigas más adelante, y llegues a la encina de Tabor, te saldrán al encuentro tres hombres que suben a Dios en Bet-el, llevando uno tres cabritos, otro tres tortas de pan, y el tercero una vasija de vino; los cuales, luego que te hayan saludado, te darán dos panes, los que tomarás de mano de ellos. Después de esto llegarás al collado de Dios donde está la guarnición de los filisteos; y cuando entres allá en la ciudad encontrarás una compañía de profetas que descienden del lugar alto, y delante de ellos salterio, pandero, flauta y arpa, y ellos profetizando. Entonces el Espíritu de Jehová vendrá sobre ti con poder, y profetizarás con ellos, y *serás mudado en otro hombre.* Y cuando te hayan sucedido estas señales, haz lo que te viniere a la mano, *porque Dios está contigo* (1 S. 10:1-7).

Samuel dijo que su palabra para Saúl de parte de Dios sería confirmada a través de una serie de eventos. Dios confirmó externamente a Saúl lo que le comunicó internamente a Samuel. Con frecuencia, Dios validará lo que dice mediante una señal. Ahora, ten en cuenta que las Escrituras dicen: "Engañoso es el corazón más que todas las cosas" (Jer. 17:9). Puedes engañarte a ti mismo si buscas una señal en todo.

Lo primero que siempre debes hacer es confirmar que el *rhema* dicho para ti o resaltado a través de las Escrituras está respaldado por la Palabra de Dios. Debes asegurarte de que no contradice la verdad que Dios ha revelado. A continuación, cuando sientas que Dios ha dado una palabra para ti, pídele que te proporcione una confirmación divina. Si estás buscando un cónyuge, no le pidas a Dios simplemente que te dé una señal de que el próximo hombre o mujer soltero que te encuentres sea tu esposo o esposa. No, pídele algo que refleje lo divino.

Cuando Gedeón recibió una palabra de Dios, quiso estar seguro. Así que puso un vellón de lana y le pidió a Dios que hiciera que el suelo estuviera seco, pero mantuviera la lana mojada por el rocío. Cuando eso sucedió, Gedeón todavía quería estar más seguro, por lo que pidió a Dios que hiciera algo que parecía aún más imposible: hacer que el vellón estuviera seco, mientras que el suelo a su alrededor estuviera mojado por el rocío. La palabra dada a Gedeón fue confirmada por una señal divina, tal como la palabra dada a Saúl fue confirmada a través de múltiples señales divinas.

La fusión de lo natural con lo divino

Cuando Dios te dirige desde donde estás a una intersección divina, tus dones, habilidades, pasión, experiencia y propósito se fusionarán. Él te habrá preparado para esa experiencia, y habrá preparado esa experiencia para ti. En 1 Samuel leemos que "Dios le cambió el corazón" (1 S. 10:9, NVI), y Saúl se convirtió en un hombre nuevo. Cuando entras en su unción, recibirás el poder del Espíritu para llevar a cabo su plan. Habrá un cierta dinámica acerca de lo que haces, sentirás como que es natural para ti de muchas maneras. En los deportes, nos referimos a esto como "estar en la zona". Como creyente, tú entras en la zona cuando Dios prepara tu intersección, esto es, cuando todas las cosas convergen. Saúl se encontró con su propósito mientras estaba buscando las asnas. Nunca sabes lo que Dios usará para llevarte a tu destino.

Amigo, si de verdad aprendes algo de Saúl, aprende esto: no vayas en busca de tu destino, sino ve en busca de tus asnas. En otras palabras, cumple con tus responsabilidades de cada día y vincula esas responsabilidades rutinarias con Dios. Cuando incluyes a Dios en tu rutina, lo natural se convierte en sobrenatural. Descubres tu destino cuando lo natural se fusiona con lo divino.

No te preocupes por descubrir tu destino si estás buscando a Dios porque tu destino te encontrará a ti. Descubrirás en la intersección divina lo que Dios ha planeado para ti. La intersección de Moisés con la hija del faraón en el Nilo le posicionó para finalmente liberar al pueblo de Dios.

> Tú descubres tu destino cuando lo natural se fusiona con lo divino.

Cuando el esposo de la reina Ester no podía dormir y pidió algo para leer, le llevaron el libro de la historia, y él escuchó el relato de cuando Mardoqueo le salvó. Ese hecho llevó a facilitar que los israelitas se pudieran defender de sus enemigos y escapar de una muerte segura. Las experiencias de Mardoqueo, el libro de la historia, el rey que no podía dormir, y el deseo de Amán de aniquilar a los judíos, todo se fusionó en una intersección divina.

Una y otra vez, la Biblia nos da ejemplos de intersecciones divinas. Abigail ofreció un poco de comida al ejército de David, justo a tiempo para detener un desastre en su hogar. El esposo insensato de Abigail murió más tarde, y ella se convirtió en la esposa del rey. Rut fue a espigar en el campo de Booz y terminó convirtiéndose en una matriarca en el linaje de Jesucristo.

Tú nunca sabes cómo Dios conseguirá que todo se junte en el momento justo. Las intersecciones suceden alrededor de ti, pero tú tienes que abrir los ojos para verlas. Probablemente no vas a verlas si, como Saúl, no vinculas lo sobrenatural a lo natural. Es necesario preguntarse: "¿Por qué Dios me tiene aquí buscando estas asnas durante tanto tiempo?". Resiste la tentación de quejarte o de abandonar por completo. A fin de ver y experimentar las intersecciones en tu vida que Dios tiene para ti, tienes que ver la vida a través del lente de tu espíritu. No te limites a utilizar los ojos.

Por cierto, Saúl finalmente encontró sus asnas después de todo. A pesar de que su búsqueda era mucho más que recuperar sus asnas, Dios se las dio también. Así que sigue buscando, sigue intentando, sigue mirando y sigue haciendo lo que Dios te tiene haciendo en este momento, aunque no parezca tener conexión posible con tu destino. Si esto es lo que Dios te ha dado para hacer en este momento, hazlo con todo tu corazón. Sigue buscando tus asnas mientras conectas la perspectiva del cielo con la de la tierra. Al final, llegarás a una intersección divina que cambiará tu futuro.

TERCERA PARTE

Los imperativos para tu destino

La consagración

11

Me gustan los deportes. Participé en casi todos los deportes que ofrecía nuestra escuela. En otoño jugaba al fútbol americano, y durante el invierno practicaba con el equipo de natación. En primavera jugaba al béisbol. Y, cada fin de semana, independientemente de la temporada, me podías encontrar jugando al fútbol con cualquiera que se presentaba.

En el equipo de fútbol americano, yo era el mariscal de campo. En béisbol, jugaba de receptor. Muchos quizá no saben de una estrategia única que emplean los receptores. Ellos no solo dan indicaciones al lanzador, sino que también tratan de confundir al bateador. Todo buen receptor sabe cómo confundir al bateador. Tú dices lo que puedes —o no dices nada en absoluto— para sacar al bateador de su juego. De donde yo vengo, a eso lo llaman "meter ruido". Eso incluye todo lo que sirva para distraer al bateador de hacer lo que debe hacer.

Yogi Berra fue uno de los mejores receptores de todos los tiempos. Un día, Yogi, quien jugó para los Yankees de Nueva York, estaba provocando a Hank Aaron, un jugador igualmente legendario, que jugaba para los Bravos de Milwaukee. Cuando Hank se acercó a batear, Yogi empezó a tratar de distraerlo. Le dijo a Hank que batearía mejor si sostenía el bate derecho. "Se supone que debes batear con la etiqueta del bate hacia arriba", dijo Yogi. Hank se volvió y dijo: "Yo vine aquí a batear, no a leer".[3]

Amigo, tienes que saber por qué y para qué estás aquí. Si no lo haces, otras personas te pueden confundir y desviar. Si no sabes cuál es tu propósito, las circunstancias que te rodean pueden distraerte. De

---

3. http://yogiberramuseum.org/about-yogi/.

hecho, cualquier distracción puede hacer que pierdas la pelota porque estarás desenfocado o desequilibrado. Como resultado, terminarás fallando y desperdiciando tu oportunidad para batear.

Redime el tiempo

El libro de Eclesiastés nos dice: "Todo tiene su momento oportuno; hay un tiempo para todo lo que se hace bajo el cielo" (Ec. 3:1, NVI). También dice que Dios "todo lo hizo hermoso en su tiempo" (v. 11).

Dios tiene un reloj. No obstante, Dios mismo no está condicionado por el reloj porque Él es eterno. Dios trasciende el tiempo. Sin embargo, tú y yo sí estamos condicionados por el reloj porque todavía estamos limitados por el tiempo. Es por eso que Pablo nos dice en su carta a la iglesia de Éfeso: "Mirad, pues, con diligencia cómo andéis, no como necios sino como sabios, *aprovechando bien el tiempo*, porque los días son malos. Por tanto, no seáis insensatos, sino entendidos de cuál sea la voluntad del Señor" (Ef. 5:15-17).

El tiempo te ha sido dado por una razón: que puedas llevar a cabo tu destino.

Nuestra versión RVR-1960 dice: "aprovechando bien el tiempo", y en Colosenses 4:5 agrega: "Andad sabiamente... *redimiendo el tiempo*". Es decir, obtén el máximo beneficio de él, no lo desperdicies, y, definitivamente, no lo malgastes por no entender el propósito de Dios para tu tiempo.

El tiempo te ha sido dado por una razón: que puedas llevar a cabo tu destino. Si todavía estás vivo y tienes tiempo, ese tiempo te ha sido dado con el fin de alcanzar el destino que Dios ha ordenado para ti.

El tiempo es consistente con el destino y el propósito.

Cuando tienes que levantarte por la mañana e ir a trabajar, pones tu reloj a las 6:00 de la mañana, o a la hora que hayas elegido, para llegar a tu destino a tiempo. Esto es porque el tiempo está ligado a un propósito. Si no vives con propósito, no vas a utilizar tu tiempo sabiamente. Vas a levantarte cuando te apetezca, e irás a la cama cuando quieras, y dejarás que los días pasen sin que aproveches bien el tiempo. Y, antes de que te des cuenta, tendrás 50, 60 o 70 años, y te preguntarás: "¿Adónde se fue todo el tiempo?".

Tu tiempo y la manera en que lo usas están íntimamente relacionados con tu propósito y destino. Conocer y vivir tu propósito te da la perspectiva de Dios sobre el uso de tu tiempo.

Ahora bien, puede que estés pensando: "Tony, fui salvo cuando tenía veinte años, pero no me tomé en serio mi propósito hasta ahora, unos treinta años más tarde. ¿Y ahora qué? Ya he perdido demasiado tiempo".

Si ese eres tú, quiero que te centres en este momento en la gracia de Dios, porque las Escrituras nos dicen que Dios puede restaurar el tiempo que has perdido. Él dice: "Y os restituiré los años que comió la oruga, el saltón, el revoltón y la langosta" (Jl. 2:25). Dios no va a retroceder el tiempo y hacer que vuelvas a tener 20 años, pero Él tiene su manera de poner una gran cantidad de propósito en los años que te quedan.

> Él tiene su manera de poner una gran cantidad de propósito en los años que te quedan.

Además, quiero animarte a hacer tu parte. Tal vez te has dado un paseo a través de las primeras décadas de tu vida adulta, y ahora te das cuenta de que el tiempo se acaba. Si ese eres tú, imagínate que aceleras hasta la meta de llegada. No sigas paseando. No lo veas como un maratón. Acelera hasta el final. Usa al máximo tu tiempo. Haz ahora todo lo que puedas para cumplir tu destino, y algo más. Aprovecha al máximo el tiempo que te queda.

Un sacrificio vivo

Como vimos anteriormente, tu destino es el llamamiento personalizado de Dios para tu vida que Él ha ordenado y para el cual te ha preparado a fin de que lo lleves a cabo para darle a Él la mayor gloria y lograr la máxima expansión de su reino. Tu destino explica por qué estás aquí. Qué tragedia sería morir sin saber por qué Dios te salvó, y haber ido solo de un lugar a otro, de una cosa a otra, o de una persona a otra sin cumplir tu destino.

Tu consagración a Dios es el punto de partida para descubrir y vivir su destino.

Así que, hermanos, os ruego por las misericordias de Dios, que presentéis vuestros cuerpos en sacrificio vivo, santo, agradable a Dios, que es vuestro culto racional. *No os conforméis a este siglo, sino transformaos por medio de la renovación de vuestro entendimiento, para que comprobéis cuál sea la buena voluntad de Dios,* agradable y perfecta (Ro. 12:1-2).

Como vemos en este pasaje, cuando consagras tu vida a Dios, no tienes que buscar tu destino porque tu destino te encontrará a ti. La dirección del Espíritu Santo, la voluntad de Dios y tu destino están directamente conectados. Pero, con el fin de posicionarte correctamente y ser guiado por el Espíritu en la voluntad de Dios, primero debes permitir que Dios te posea por completo. Debes presentar tu cuerpo en sacrificio vivo, santo, agradable a Dios.

> Primero debes permitir que Dios te posea por completo.

La frase un "sacrificio vivo y santo" transmite un concepto interesante. Es un poco contradictorio porque a los animales ofrecidos como sacrificios en el Antiguo Testamento los mataban. Si sacrificaban un cordero, era puesto sobre el altar y lo inmolaban. Por tanto, moría. En esencia, pues, con el fin de presentarte como un sacrificio vivo, estás ofreciendo a Dios algo que está a la vez vivo y muerto, todo al mismo tiempo.

Si Pablo estuviera aquí con nosotros hoy día, probablemente se citaría a sí mismo: "Con Cristo estoy juntamente crucificado, y ya no vivo yo, mas vive Cristo en mí" (Gá. 2:20). Pablo estaba vivo —estaba escribiendo o dictando esas palabras—, pero él también fue crucificado o muerto.

Imagínate que le preguntas a Pablo: "Oye Pablo, ¿cuáles son tus sueños? ¿Cuáles son tus metas?". Pablo podría responder: "Yo no tengo ningún sueño o meta porque los muertos no sueñan. Los muertos no tienen metas".

Pero supongamos que cambias un poco las preguntas y dices: "Pablo, ¿cuál es el sueño de Dios para ti? ¿Cuáles son sus metas para tu vida?". Entonces Pablo sería capaz de hablar en profundidad porque define su vida no en términos de su propia voluntad, sino en términos de su identidad con Jesucristo. Tal y como escribió: "Porque habéis sido comprados por precio; glorificad, pues, a Dios en vuestro cuerpo y en vuestro espíritu, los cuales son de Dios" (1 Co. 6:20).

En realidad, la carrera de Pablo no era la suma total de su destino. Pablo hizo que las metas de Dios fueran sus propios objetivos, por lo que fue capaz de desempeñar la carrera aparentemente mundana de hacer tiendas de campaña para ganar el dinero que necesitaba para llevar a cabo su destino: dar a conocer a Dios. Cuando sabes que tu vida pertenece a Cristo, puedes estar contento en cualquier carrera u ocupación en la que Dios te tiene, siempre y cuando sepas que eso te está permitiendo vivir tu destino y beneficiar a otros.

Dios no está interesado principalmente en la bendición de tu destino por tu propio bien. Está ante todo interesado en bendecir tu destino por su causa. La mejor manera de vivir con esa forma de pensar es la de ofrecerte a ti mismo como un sacrificio vivo, subir al altar y quedarte allí. El problema es que la mayoría de nosotros responderemos positivamente a un buen sermón, un himno o un tiempo de quietud a solas con Dios y subiremos derechos al altar, y diremos: "No se haga mi voluntad, sino la tuya". Pero, al día siguiente, nos bajaremos con igual rapidez del altar. Ese es el problema con los sacrificios vivos.

Un día, una gallina y un cerdo pasaban por delante de una tienda de comestibles. Un cartel en el escaparate de la tienda decía: "Se necesitan: tocino y huevos". La gallina miró al cerdo, y el cerdo miró a la gallina. La gallina dijo:

—Yo le daré los huevos, si tú le das el tocino.

—Tienes que estar loca —dijo el cerdo—. ¿Es que has perdido el juicio?

—¿Cuál es el problema? —preguntó la gallina.

A lo que el cerdo contestó:

—El problema es que eso para ti sería una contribución, ¡pero para mí sería dar la vida!

Muchas personas hoy quieren darle a Dios una contribución. Ellos están dispuestos a darle un huevo de vez en cuando, o incluso una docena en ocasiones. Pero no quieren subir al altar y morir a sus propios deseos, sueños y planes, y lograr de esa maneta ser maximizados para el propósito de Dios como sacrificios vivos. Pero Dios no quiere una docena de huevos. Él quiere tus chuletas, tus trozos de jamón y tus patas de cerdo. Lo quiere todo.

Motivado por la misericordia

Antes de que Pablo afirmara en Romanos 12 que hemos de ofrecernos como un sacrificio vivo, escribió en Romanos 1 al 11 acerca de la misericordia de Dios. ¿Cuál es la diferencia entre gracia y misericordia? En su gracia, Dios nos da lo que no merecemos. Por su misericordia, Él no nos da lo que en verdad merecíamos, sino que retiene el castigo que nos corresponde.

En Romanos 1 al 3, Pablo explica que todos los que rechazan a Dios están condenados. Habla de tres grupos como ejemplo. Los paganos se condenan porque rechazan a Dios a pesar de que Él se reveló en la naturaleza y en sus conciencias. Los judíos se condenan porque rechazan a Dios a pesar de los oráculos que predecían a Cristo. Los moralistas se condenan porque ellos condenan a otros por aquello que ellos mismos practican. Pablo resume diciendo que nadie está fuera de la condenación legítima de Dios. "Como está escrito: No hay justo, ni aun uno" (Ro. 3:10).

Pablo sigue hablando en su escrito sobre la culpabilidad de la humanidad ante Dios y dice que Él ofrece la manera mediante la cual los injustos son hechos justos. En este proceso, llamado la *justificación*, Dios atribuye la justicia de Cristo a la cuenta de los injustos. El capítulo 4 nos dice que tenemos que recibir esa justicia por la fe, y el capítulo 5 muestra que una vez que tenemos acceso a esa gracia, eso debe afectar la totalidad de nuestra vida.

Sin embargo, los capítulos 6 y 7 explican que, a pesar de que la gracia debe afectar toda tu vida, no siempre sucede así. La eficacia de la gracia en tu vida depende de a quién obedeces, si a ti mismo o a Dios. El capítulo 8 muestra cómo un creyente puede tener la victoria de obedecer a Dios por medio del Espíritu Santo, cuya labor consiste en capacitar a los que Dios ha salvado para que puedan vivir su salvación. Pero, entonces, los capítulos 9 al 11 siguen explicando que la gente no recibe ese poder si no creen en ese poder.

A través de todo esto, Pablo ha presentado un argumento claro de que podemos recibir grandes misericordias de Dios si creemos. Entonces dice: "Así que, hermanos, os ruego por las misericordias de Dios...". Pablo nos está pidiendo que reconozcamos nuestra propia injusticia, nuestra propia incapacidad para vivir una vida santa, nuestra propia imposibilidad de salvarnos a nosotros mismos... y que luego nos presentemos a Dios como sacrificios vivos y santos en respuesta a su misericordia por nosotros.

Todo lo que eres y tienes pertenece por completo a Dios

Amigo, tu destino incluye tu consagración total a Dios. La asistencia al templo sin esa dedicación total se convierte en sacrilegio en vez de adoración. Al embarcarte en el viaje de tu destino, esta es una de las preguntas más profundas que necesitas hacerte a ti mismo: "¿Todo lo que soy y tengo pertenece a Dios?". ¿O tienes un ático espiritual en tu vida, un lugar donde pones cosas que no quieres que Dios las toque? La consagración requiere que *todo lo tuyo pertenezca por completo a Dios*.

Para que todo lo tuyo pertenezca por completo a Dios, el mundo no debe poseer nada de ti. Hemos visto que Pablo hace hincapié en esto: "No os conforméis a este siglo, sino transformaos por medio de la renovación de vuestro entendimiento". Ser conformado es algo semejante a lo que sucede cuando un alfarero moldea un pedazo de barro. El alfarero aprieta, moldea y da forma al barro hasta que se ajusta a lo que el alfarero tenía pensado.

> Tu destino incluye tu consagración total a Dios.

Pablo nos está diciendo que no debemos permitir que la forma de pensar del mundo o la manera de funcionar del mundo nos conforme a las normas y modelos del mundo. El sistema del mundo está encabezada por Satanás y deja a Dios fuera. Muchas personas no han descubierto su destino, porque están dejando que el mundo defina el éxito para ellos. Cuando eso sucede, puedes tener riqueza y todo lo que el dinero puede comprar, pero no tendrás tu destino y el gozo, la paz y el contentamiento que lo acompañan.

Si quieres llegar a tu destino, no puedes dejar que el mundo te posea. Debes pertenecer a Dios. Cuando perteneces a Dios, serás "[transformado] por medio de la renovación de [tu] entendimiento". La palabra griega traducida *transformado* está en el tiempo pasivo. Eso significa que la transformación no es algo que haces por ti mismo, sino que Dios lo hace por ti. Si yo tuviera que decirte que conduje hasta la tienda, estaría utilizando una construcción gramatical de la voz activa para describir algo que yo hice. Sin embargo, si dijera que me llevaron a la tienda, estaría usando la voz pasiva al explicar que alguien hizo algo por mí o para mí.

Una mente clara

En otras palabras, cuando consagras tu vida a Dios y le entregas todo lo que eres y tienes, y no permites que el mundo tenga algo de ti, te has posicionado a ti mismo en una manera en que el Espíritu Santo puede obrar en tu mente. Él hará esa labor si tú te entregas a Dios como un sacrificio vivo y santo. En vez de ser de doble ánimo, como dice Santiago, o en lugar de vivir en la esquizofrenia espiritual, tienes una mente clara debido a la obra del Espíritu en tu interior. A medida que el Espíritu comienza a trabajar en tu mente, transformándola, Él te revelará la voluntad de Dios para ti. "Porque cual es su pensamiento en su corazón, tal es él" (Pr. 23:7). La manera de lograr que tus pensamientos se alineen con los pensamientos de Dios es consagrando tu vida a Él. Tú te sometes a su voluntad cuando te presentas como un sacrificio vivo y rechazas los pensamientos mundanos.

> La manera de lograr que tus pensamientos se alineen con los pensamientos de Dios es consagrando tu vida a Él.

Cuando el Espíritu Santo transforma tu mente, sustituye tu vieja y mundana forma de pensar con sus pensamientos, y empiezas a pensar los pensamientos de la Trinidad: Dios el Padre, Jesucristo su Hijo, y el Espíritu Santo.

Por tanto, puedes entonces practicar audazmente la exhortación de Juan 15:7-8: "Si permanecéis en mí, y mis palabras permanecen en vosotros, pedid todo lo que queréis, y os será hecho. En esto es glorificado mi Padre, en que llevéis mucho fruto, y seáis así mis discípulos". Ahora puedes arrodillarte y orar por aquello en lo que estés pensando, porque tu mente está conformada a Cristo. Quieres y deseas lo que Él quiere.

Ponte en posición

El cumplimiento de tu destino tiene mucho que ver con cómo te sometes a la voluntad de Dios, cómo te posicionas correctamente bajo su liderazgo. Un buen lanzador de fútbol americano puede arrojar bien la pelota a un receptor, incluso cuando los defensores contrarios le rodean, siempre y cuando que el receptor se encuentre en la posición correcta. De hecho, los entrenadores de fútbol no se limitan a buscar la velocidad cuando contratan receptores. Ellos buscan, ante todo, la manera en que los receptores se posicionan. Michael Irvin de los Dallas Cowboys no era el receptor más rápido en el campo, pero sí sabía ponerse en la posición correcta, creando un objetivo que su mariscal de campo podía alcanzar. Dios te puede alcanzar con tu destino si estás en posición.

> Dios te puede alcanzar con tu destino si estás en posición.

Si eres un marinero experimentado, sabes que tratar de conseguir que el viento cambie de dirección no es muy buena idea. Si esa es tu estrategia, bien puede suceder que te quedes ahí mucho tiempo. Más bien, tienes que ajustar tu vela a la dirección del viento con el fin de conseguir avanzar. Dios quiere darte tu destino, pero tienes que ajustar las velas en la dirección que Él está soplando a fin de llegar a donde Él quiere que llegues.

Un destino perfecto

No hay mejor destino para ti que aquel que Dios te tiene preparado. Es el mejor plan para tu vida. Vívelo. El destino de Dios para ti es "bueno, agradable y perfecto". No tienes que temer que si consagras tu vida por completo a Dios, Él te dará un destino que no te gustará. Dios usará tu personalidad, talentos, trasfondo, habilidades, intereses, pasión, e incluso tus cicatrices para llevarte a un destino que es "bueno… agradable y perfecto". Muy pocas personas terminan odiando un destino perfecto.

De acuerdo con mis pensamientos y planes, nunca se suponía que yo fuera a estar en Dallas, donde llevo pastoreando ya más de 36 años. Yo había hecho planes para ir directamente al Seminario Teológico Gracia en Indiana. Había solicitado ir allí, me habían aceptado, pagué mis derechos de matrícula, había encontrado vivienda, y estaba dispuesto a trasladarme allí cuando Dios apareció por medio de una conversación con un hombre que dijo: "Tony, ¿has pensado alguna vez en ir al Seminario Teológico de Dallas? Yo estoy dispuesto a pagar tus gastos si te comprometes a orar sobre ello y envías la solicitud".

Y lo hice. Y eso me ubicó en un contexto urbano mientras estudiaba para mi maestría y doctorado. El Seminario Teológico Gracia no me habría proporcionado un contexto urbano del ministerio en absoluto. Venir a Dallas me abrió la puerta a un ministerio completamente centrado en el alcance urbano que ahora se lleva a cabo en el ámbito local y nacional, en un esfuerzo por conectar iglesias con escuelas con el fin de impactar las comunidades con dificultades por medio de la Iniciativa Nacional de Iglesias que Adoptan una Escuela.

Desde un punto de vista humano, la mayoría de la gente diría que yo había cambiado de opinión. Sin embargo, de acuerdo con Romanos 12:1-2, el Espíritu Santo transformó mi forma de pensar. Él me llevó a pensar de forma diferente porque Él tenía un plan para mí.

Una niña se acercó a su padre un día y le dijo:

—Papá, me prometiste que me darías una moneda de cinco centavos.

Su padre se lo había prometido. Así que metió la mano en el bolsillo, pero no pudo encontrar esa moneda. Todo lo que tenía eran billetes. De hecho, el billete más pequeño que tenía era de 20 dólares.

Él dijo:

—Tú has sido últimamente una niña muy buena, así que en vez de una moneda de cinco centavos, aquí tienes un billete de 20 dólares.

La pequeña niña se echó a llorar.

—Pero papá —dijo ella—, tú me prometiste una moneda de cinco centavos

—Pero mi amor —contestó él—, aquí tienes un buen montón de monedas de cinco centavos.

Sin embargo, debido a que ella no lo podía entender, las lágrimas corrían por sus mejillas.

Esto es lo que muchos de nosotros hacemos con nuestro destino. Le decimos a Dios lo que queremos hacer con nuestra vida; le decimos lo que deseamos. Pero Dios te dice que si consagras tu vida a Él, Él tiene mucho más para darte, no solo lo que tú quieres. Dios quiere que te arriesgues a confiar en Él. Quiere escucharte decir: "No se haga mi voluntad, sino la tuya". Incluso, si el propósito de Dios incluye una cruz el viernes, recuerda que habrá una resurrección el domingo. Confía en Él. Él tiene un destino que es bueno, aceptable y perfecto para ti.

El desarrollo **12**

El libro de Éxodo contiene uno de los más grandes relatos bíblicos relacionados con el destino. La mayoría de nosotros estamos familiarizados con Moisés. Sabemos que flotaba en una cesta a lo largo del Nilo hasta que la hija del faraón lo encontró. Sabemos de las diez plagas y la separación del Mar Rojo. Sabemos que él sacó a los israelitas de la esclavitud y los guió a la libertad.

Sin embargo, podemos perder fácilmente el significado de lo que ocurrió durante un período de la vida de Moisés sobre el que la Biblia dice muy poco. No se ha escrito mucho en relación con los acontecimientos en la vida de Moisés desde la edad de cuarenta años (cuando huyó de Egipto) hasta los ochenta años (cuando se encontró con Dios ante la zarza ardiente). A pesar de que no hay mucho escrito sobre esas cuatro décadas, son fundamentales. Durante esos años, Moisés se desarrolló en la forma en que necesitaba para poder cumplir su destino.

Un valle de desarrollo

El camino hacia tu destino pasa por un valle de desarrollo. Aquí es donde Dios te prepara para tu destino, y lo prepara todo y a todos los demás relacionados con tu destino.

A la mayoría de nosotros no nos gusta pensar en pasar por un tiempo de desarrollo. Eso tampoco termina siendo parte de los más grandes relatos de la Biblia. Cuando pensamos en Moisés, recordamos cosas como el Mar Rojo o la zarza ardiente. Pero el destino de Moisés no comenzó allí. Empezó mucho antes que cualquiera de esas situaciones. Comenzó en un tiempo de preparación. Comenzó durante muchos días de un periodo largo y dilatado cuando Moisés se hizo cargo de cosas que no parecían muy espectaculares. Moisés pastoreaba ovejas cada día y cenaba al lado de una hoguera cada noche. Su preparación se inició con pruebas, retos y aburrimiento.

Y así como Dios tenía un plan para Moisés, tiene también un plan para prepararte a ti y guiarte a tu destino. Un proceso de desarrollo debe ocurrir para que, cuando llegues a tu zarza, estés listo para tu llamamiento y, lo que es también muy importante, tu llamamiento y todo lo que involucra estén listos para ti.

Antes de que Moisés viera la zarza ardiente, y antes de que sacara a los israelitas de la esclavitud, Dios permitió y organizó una serie de sucesos que le ayudaron a desarrollarse. En el Nuevo Testamento, Esteban resume la vida de Moisés en Hechos 7, el último sermón que predicó antes de ser martirizado. Esteban emplea una cantidad significativa de tiempo recordando la historia de la nación judía, lo que obviamente incluye una parte sobre Moisés. Por el bien de nuestra exposición sobre el proceso de desarrollo a fin de cumplir con tu destino, tenemos que examinar toda la historia de Moisés o, lo que podría llamarse, el trasfondo de la historia. En ella descubrimos cómo Dios le preparó para su destino:

> Dios tiene un plan para prepararte a ti y guiarte a tu destino.

> En aquel mismo tiempo nació Moisés, y fue agradable a Dios; y fue criado tres meses en casa de su padre. Pero siendo expuesto a la muerte, la hija de Faraón le recogió y le crió como a hijo suyo. Y fue enseñado Moisés en toda la sabiduría de los egipcios; y era poderoso en sus palabras y obras. Cuando hubo cumplido la edad de cuarenta años, le vino al corazón el visitar a sus hermanos, los hijos de Israel. Y al ver a uno que era maltratado, lo defendió, e hiriendo al egipcio, vengó al oprimido. Pero él pensaba que sus hermanos comprendían que Dios les daría libertad por mano suya; mas ellos no lo habían entendido así. Y al día siguiente, se presentó a unos de ellos que reñían, y los ponía en paz, diciendo: Varones, hermanos sois, ¿por qué os maltratáis el uno

al otro? Entonces el que maltrataba a su prójimo le rechazó, diciendo: ¿Quién te ha puesto por gobernante y juez sobre nosotros? ¿Quieres tú matarme, como mataste ayer al egipcio? Al oír esta palabra, Moisés huyó, y vivió como extranjero en tierra de Madián, donde engendró dos hijos (Hch. 7:20-29).

Esta visión general de la vida de Moisés nos ofrece algunos puntos clave. Moisés fue criado en la casa del faraón, por lo que experimentó la vida más fina y lujosa. También recibió la mejor educación que Egipto tenía para ofrecer. En ese momento, Egipto era la nación más avanzada del mundo, pues fueron capaces de construir las pirámides y habían desarrollado un sistema de escritura. La mejor educación en Egipto era la mejor educación del mundo. En su tiempo y para su cultura, Moisés era brillante. También se nos dice que Moisés era poderoso en su manera de hablar y en las cosas que hizo. Era un hombre atractivo, inteligente, privilegiado, influyente y hábil. Lo mejor de lo mejor. Todo el mundo conocía a Moisés. Y, muy probablemente, todos querían ser lo que él era.

Además de poder beneficiarse de todo lo que Egipto tenía para ofrecer, Moisés también disfrutó de la influencia de la cultura y los valores hebreos por medio de su madre biológica. Como hemos visto, cuando Moisés fue sacado del río y llevado a la casa del faraón, su hermana María preguntó a la hija del faraón si le gustaría tener una niñera para ayudarla a cuidar de él. Esa niñera resultó ser la propia madre de Moisés, que pudo entonces criar a su hijo en la protección del palacio egipcio.

Así, pues, Moisés se benefició de lo mejor de Egipto y recibió de paso la instrucción y la sabiduría de su madre hebrea. A los 40 años, Moisés estaba en la cima de sus posibilidades en todos los sentidos. Tenía posición y poder, y tenía un sentido de su destino. Moisés conocía la difícil situación de sus hermanos, los hebreos, y decidió ponerlos en libertad, al parecer, uno a uno.

Le salió mal

Leemos en el libro de Hebreos que Moisés tomó la decisión de identificarse con los hebreos en vez de con los egipcios (He. 11:24-26), lo que le llevó a la creencia de que él libraría a Israel por sí mismo. Moisés tenía una vaga idea de su propósito, pero no estaba preparado para cumplirlo. No se había convertido en la persona que Dios podía usar.

El plan de Moisés tenía algunos defectos. Primero, Dios no le había instruido específicamente para que liberara a Israel, de modo que Dios no le dio el poder que él habría necesitado para llevar a cabo la tarea. Segundo, los israelitas no sabían lo que Moisés estaba tratando de hacer, por lo que no podían entender por qué había matado al egipcio. El pasaje dice: "mas ellos no lo habían entendido así" (Hch. 7:25).

Amigo, Dios te revelará tu destino cuando Él esté listo para que lo recibas. La pasión y las habilidades pueden estar en ti, y la carga, el deseo y el sueño pueden estar todos en ti. Pero hasta que Dios no te dice: "ve", tú no estás listo para cumplirlo. Cuando Moisés mató al egipcio, actuó basándose en su carga, pasión y habilidades. Incluso parecía estar en una intersección de alguna clase. Pero él actuó basado en su carne en vez de esperar a que Dios le revelara los pasos. Como resultado, la acción de Moisés fracasó en proporciones épicas.

Moisés asumió que él había llegado en el momento oportuno, que tenía el método correcto, y que él era el hombre adecuado. Sin embargo, solo en uno de sus supuestos llevaba razón. Moisés era el hombre adecuado, pero en cuanto a su calendario, metodología y todo lo demás estaba equivocado. Dios todavía no había desarrollado a Moisés hasta el punto de que él pudiera guiar a toda una nación a su libertad. Y como Moisés corrió por delante de su destino, terminó haciendo cosas muy equivocadas. Como resultado, huyó al desierto, yendo a parar a Madián, donde conoció a Jetro, se casó con su hija, y pastoreó ovejas… por 40 años.

> Dios te revelará tu destino cuando Él esté listo para que lo recibas.

Moisés pasó del palacio al desierto y trabajó muchas horas por poco salario bajo un sol ardiente al cuidado de las ovejas.

Humildad

En la cima de su desarrollo, Moisés aprendió una lección de humildad. La mayoría de nosotros tenemos que aprender esa lección en algún momento. Es una lección sobre nuestra insuficiencia. Dios utilizará con frecuencia los valles y las dificultades para despojarnos de la seguridad en nosotros mismos porque la autosuficiencia niega la dependencia de Él.

Moisés tenía su carga y conocía su pasión. Tenía habilidades, dinero, apariencia, poder, posición, inteligencia y fuerza. Moisés no sabía lo que cada uno de nosotros tiene que saber más que nada: que hay solo un Dios, y nosotros no somos Él. Moisés pensó más de sí que lo que debía haber pensado.

> Hay solo un Dios, y nosotros no somos Él.

Así que Dios se llevó a Moisés al desierto para que aprendiera lo que nunca había podido aprender en Egipto. Le llevó a un lugar en medio de la nada. Lo llevó a un trabajo sin porvenir. Llevó a Moisés a un país extranjero donde tuvo que desaprender una cultura y aprender otra. Tenía que aprender una nueva lengua y una nueva forma de vida. Aprendió a pastorear y guiar ovejas, una habilidad que le sería muy útil cuando finalmente llevó al pueblo hebreo a través del desierto. Dios le quitó a Moisés las cosas a las que pudiera recurrir. Su educación egipcia no tenía ningún valor real en el desierto. Moisés tuvo que aprender a sobrevivir en el desierto. Cómo encontrar agua, cómo proteger a las ovejas, cómo hacer sus propias sandalias y su propia vara y cayado.

Esencialmente, Moisés tuvo que desaprender mucho de lo que había aprendido con el fin de aprender lo que más necesitaba saber: que él no sabía tanto como pensaba que sabía.

Ha llegado el momento

Descubrimos que Moisés aprendió esta lección en el momento en que respondió a Dios ante la zarza ardiente. Dios se reveló a Moisés y le llamó por su nombre dos veces, y luego le instruyó acerca de su destino:

> Bien he visto la aflicción de mi pueblo que está en Egipto, y he oído su clamor a causa de sus exactores; pues he conocido sus angustias, y he descendido para librarlos de mano de los egipcios (Éx. 3:7-8).

Los israelitas habían estado llorando y quejándose 40 años antes, pero ahora clamaron a Dios. En aquel tiempo, Moisés no estaba preparado para ser su libertador, y ellos tampoco estuvieron listos para ser liberados. Aún no había llegado el momento. Sin embargo, 40 años más tarde, llegó el momento oportuno.

> Ven, por tanto, ahora, y te enviaré a Faraón, para que saques de Egipto a mi pueblo, los hijos de Israel. Entonces Moisés respondió a Dios: *¿Quién soy yo* para que vaya a Faraón, y saque de Egipto a los hijos de Israel? (vv. 10-11).

Ten en cuenta que este es el mismo propósito que Moisés trató de llevar a cabo 40 años antes: sacar a los israelitas de la esclavitud. Dios no cambió el propósito; solo las fechas de su realización. Tú puedes sentir como si Dios siempre ha querido que hagas algo, no obstante, tu vida parece estar encaminada en otra dirección. A menos que Dios cambie tu deseo y carga para cumplir con tu propósito, mantente aferrado a él. Puede ser simplemente una cuestión de tiempo. Puedes estar en un período de desarrollo mientras Dios te prepara para llevar a cabo tu propósito.

Un espíritu quebrantado

La respuesta de Moisés al llamamiento de Dios para su vida en esta segunda ocasión revela que él aprendió su lección. Aprendió que Dios era el único que podía hacer lo que dijo que haría. Moisés no respondió: "Tienes razón, Señor, yo soy el apropiado. Yo soy ese hombre. Voy a ir a mi pueblo para liberarlo". Más bien, Moisés respondió: "¿Quién soy yo?". Luego agregó: "¡Ay, Señor! nunca he sido hombre de fácil palabra, ni antes, ni desde que tú hablas a tu siervo; porque soy tardo en el habla y torpe de lengua" (Éx. 4:10).

Moisés no se limitó a responder: "¿De quién hablas? ¿De mí?". Más bien dijo en realidad: "Señor, te has equivocado de hombre. Por favor, yo no soy ese hombre. No puedo hacerlo. En realidad, nunca podría hacer algo como esto".

Este es el mismo Moisés que cuatro décadas antes tenía el dinero, el trasfondo, la historia, la cultura, el nombre de familia, la educación… y quien decidió hacerse cargo por sí mismo del problema. De hecho, este es el mismo Moisés que Esteban nos dice que era un hombre "poderoso en sus palabras y obras" (Hch. 7:22). El hombre que una vez tuvo poder en sus palabras ahora dice que ni siquiera podía hablar. En realidad, dice que nunca había podido hablar, que debió haber tenido un ego muy hinchado y que él en verdad no podía hacer nada de eso.

Moisés es ahora un hombre quebrantado. Quedamos quebrantados cuando Dios nos despoja de nuestra autosuficiencia. Nuestra confianza no está en nosotros mismos. Toda confianza que podamos tener se basa en lo que sabemos que Dios puede hacer en nosotros y a través de nosotros. La confianza independiente de Dios es imprudencia. Se trata de un billete de ida para criar y cuidar ovejas. No sé de un hombre o mujer que haya sido usado grandemente por Dios que no tuviera primero que ser despojado. Cada personaje importante en la Biblia cuya vida se nos da a conocer tuvo antes que pasar por este proceso de despojo en el desierto del desarrollo.

> Toda confianza que podamos tener se basa en lo que sabemos que Dios puede hacer en nosotros y a través de nosotros.

El desarrollo no es divertido, pero es necesario. Al igual que los viejos muebles tienen que ser despojados de su antigua laca antes de que puedan ser lijados y barnizados, nosotros tenemos que soportar el doloroso proceso del desarrollo. Moisés fue despojado hasta que supo que nunca podría llevar a cabo su destino por sí mismo. Dijo: "¿Quién soy yo para que vaya a Faraón, y saque de Egipto a los hijos de Israel?" (Éx. 3:11).

Más grande de lo que imaginas

Aquí hay una pista importante para descubrir tu destino: siempre será más grande que tú. Será más de lo que puedas imaginar. Moisés se dio cuenta de que no podía hacer solo una tarea tan grande. Tuvo que preguntar: "¿Cómo voy a hacer esto?". Amigo, si no tienes que hacer una pregunta similar con respecto a tu destino, todavía no sabes cuál es. O puede ser que sepas solo una pequeña parte de él. Dios nos dice en su Palabra: "Y a Aquel que es poderoso para hacer todas las cosas mucho más abundantemente de lo que pedimos o entendemos, según el poder que actúa en nosotros…" (Ef. 3:20).

¿Qué podría Dios querer que hagas que bien sabes que solo Él puede hacerlo a través de ti? Si tú no puedes pensar en nada como eso en tu vida, es posible que nunca veas lo que Dios puede hacer. Cualquier cosa que tú puedes hacer por tu cuenta es demasiado pequeña para ser el destino de Dios para ti. Un pequeño destino no requiere nada más allá de tus propios recursos naturales.

> Cualquier cosa que tú puedes hacer por tu cuenta es demasiado pequeña para ser el destino de Dios para ti.

En el desierto, Moisés había aprendido que no podía llevar a cabo su destino por sí mismo. De hecho, Moisés no creía que él pudiera hacerlo en absoluto. Y, desde luego, no creo que nadie le creyera cuando se presentó para hacerlo:

> Dijo Moisés a Dios: He aquí que llego yo a los hijos de Israel, y les digo: El Dios de vuestros padres me ha enviado a vosotros. Si ellos me preguntaren: ¿Cuál es su nombre?, ¿qué les responderé? Y respondió Dios a Moisés: YO SOY EL QUE SOY. Y dijo: Así dirás a los hijos de Israel: YO SOY me envió a vosotros (Éx. 3:13-14).

Dios resumió en esas dos palabras quién era Él. En efecto, Él dijo: "YO SOY definido solo por mí mismo. Yo soy el que existe eternamente, el que se genera a sí mismo". *YO* es un pronombre personal, y *SOY* es tiempo presente. En ese nombre, Dios expresa su suficiencia. Dios le dijo a Moisés que Él es todo lo que Moisés necesitaba para cumplir su destino.

No solo eso, sino que Dios reveló su trascendencia. Antes había dicho: "Yo soy el Dios de Abraham", indicando así que Él es el Dios del pasado de Moisés. En la siguiente declaración, dijo: "Bien he visto la aflicción de mi pueblo", revelando que Él también es el Dios del presente de Moisés. Y luego continuó diciendo: "He descendido para librarlos", asegurándose de que Moisés sabía que Él era también el Dios de su futuro.

Su nombre, YO SOY, lo abarcaba todo. Abarcaba el pasado de Moisés, su presente y su futuro, tal como Dios es también todosuficiente para ti.

Moisés estuvo 40 años en el desierto hasta aprender esta lección de dependencia de Dios. Le requirió sufrir un revés con el fin de ser preparado para su destino. Pero, cuando su destino llegó, Dios se manifestó de una manera extraordinaria.

Si tú todavía no has empezado a caminar hacia tu destino, o si aún no has recibido instrucciones para alcanzar y vivir tu propósito, o si necesitas más aclaraciones de parte de Dios, pídele una cosa. Pídele que te muestre tu zarza ardiente. Pídele que convierta tu experiencia ordinaria en el desierto en algo extraordinario. Cuando lo haga, vuélvete para mirar, y oirás que Él te llama por tu nombre.

> Pídele a Dios que te muestre tu zarza ardiente.

La experiencia de Moisés en el desierto duró 40 años. La tuya no tiene por qué ser así. La lección es a menudo la misma: permítele a Dios que te despoje de tu autosuficiencia para que Él pueda cumplir su propósito por medio de ti.

La adoración

13

Yo viajo mucho. Una semana normal implica al menos un vuelo para predicar la Palabra de Dios a un grupo numeroso de personas. Cuando Sylvia (mi secretaria) y yo empezamos a usar los teléfonos celulares, la comunicación sobre mi agenda de viajes y cambios de última hora se facilitó mucho. Pero si tú le preguntaras, ella podría hablarte de tiempo atrás cuando localizarme en un aeropuerto no era tan fácil. En aquel tiempo, la comunicación sobre cambios de vuelos u hoteles era todo un reto.

Una vez, me encontraba junto con otros compañeros de viaje en la cola para subir a un avión cuando escuché una voz débil sobre el sistema público de megafonía: "Tony Evans, por favor, diríjase a un teléfono blanco". Con todo el bullicio y ruido de fondo del aeropuerto, no estaba seguro de haber oído mi nombre correctamente, y no sabía dónde podría haber un teléfono blanco. Yo tenía que embarcar en mi vuelo y estaba concentrado en ello. El avión no me esperaría. Pero, una vez más, escuché: "Tony Evans, por favor, diríjase a un teléfono blanco".

Cuando te llaman por tu nombre en una situación como esa, incluso si estás a punto de embarcar en tu vuelo, te detienes. Hay miles de personas en el aeropuerto y, si alguien te llama por tu nombre, el mensaje debe ser importante.

Cuando escuché mi nombre por segunda vez, salí rápidamente de la cola de embarque y pregunté a la empleada en el mostrador dónde había un teléfono blanco. Esa persona me orientó a uno y me fui a descolgar el auricular. Me alegré de haberlo hecho, pues Sylvia estaba llamando para hacerme saber que, debido a un cambio de última hora en el programa, yo tenía que tomar un vuelo diferente.

A pocos minutos de subirme a un avión que me habría llevado a un destino equivocado, oí que alguien me llamaba por mi nombre y me dirigí a un teléfono, donde recibí la información nueva que me puso en el camino hacia donde tenía que ir.

Para empezar, ¿qué hacía yo en el aeropuerto? Había ido allí para viajar a donde yo pensaba que tenía que ir. Pero cuando estaba a punto de subir al avión que pensé que me llevaba allí, alguien dijo mi nombre. Y debido a que esa persona me llamó por mi nombre y yo (al fin) respondí, recibí nuevas instrucciones y cambié de dirección para viajar a mi destino y llevar a cabo mi propósito.

Amigo, cuando te pones delante de Dios para adorarle —ya sea en tu iglesia, en casa, en un paseo, o donde quiera que dirijas tu corazón y mente para adorarle— tú te encaminas a un lugar más elevado. Estás pasando de la esfera terrenal al reino celestial. La adoración te eleva de la tierra al cielo.

> La adoración te eleva de la tierra al cielo.

Cuando tu pasión es dejar esta esfera con el fin de entrar en aquel reino, no te sorprendas si, en el camino, escuchas tu nombre. No te sorprendas si, a medida que comienzas a adorar, te llaman por tu nombre y te piden que te dirijas a "un teléfono blanco". Cuando estás en el lugar adecuado de adoración, Dios a menudo va a encontrarse allí contigo para darte una instrucción especial. Te llamará por tu nombre y te guiará. El Espíritu Santo te hablará. Dios te dirigirá.

Sin embargo, hay una condición: tienes que ser capaz de oírle.

Si yo hubiera permanecido tan concentrado en lo que estaba haciendo —cuidando de mis pertenencias, charlando con otros, preparándome para abordar mi vuelo— que solo hubiera percibido los sonidos a mi alrededor, nunca habría oído mi nombre o recibido las instrucciones aquel día en el aeropuerto. Como resultado, me hubiera ido a un destino equivocado.

Isaías estaba adorando a Dios en la presencia de los ángeles cuando oyó que Dios le llamaba por su nombre y le revelaba la naturaleza de su destino. Dios preguntó: "¿A quién enviaré, y quién irá por nosotros?".

Isaías respondió rápidamente: "Heme aquí, envíame a mí" (Is. 6:8).

Oír lo que importa

Un día, un nativo americano de una aldea en el campo decidió visitar a un amigo en la ciudad de Nueva York. Mientras caminaban juntos por la bulliciosa acera, el nativo americano de repente levantó la mano. Se detuvieron y le preguntó a su amigo:

—¿Has oído eso?

—¿Oír qué? —preguntó el amigo elevando la voz por encima del ruido y un poco desconcertado.

—Es un grillo —dijo el nativo americano.

—¿Un grillo? —respondió el amigo—. No, no escuché a un grillo. De hecho, ¿cómo es posible oír a un grillo en medio de este ruido del tráfico?

El nativo americano luego se acercó a la esquina de la calle, donde encontró cobijado un pequeño grillo. Se inclinó y lo levantó, ante el asombro de su amigo.

Aquel nativo americano sonrió y llevó a su amigo hacia un grupo de personas. Cuando se encontraban cerca del grupo, sacó unas pocas monedas de su bolsillo y las dejó caer al suelo. Las cabezas se volvieron cuando las monedas cayeron al suelo. La mayoría de la gente alrededor de ellos había oído aquel pequeño sonido.

El hombre se volvió sonriendo hacia su amigo y dijo: "Tú oyes lo que quieres oír".

> Tú oyes lo que quieres oír.

Cuando no oímos a Dios, el problema no es que Él no esté hablando, sino que nosotros no estamos en sintonía con el sonido de su voz. Dios podía estar delante de muchos de nosotros y gritar, sin embargo, no le oiríamos sencillamente porque no reconocemos su voz.

Si tú estás yendo en pos de tu destino, una necesidad básica que debes incorporar en tu estilo de vida es una actitud de adoración. Adorar a Dios significa sencillamente mantener una postura o mentalidad en la que atribuyes intencional y activamente valor a Dios. Adorar a Dios es no solo lo mejor que puedes hacer sino es también una de las inversiones más estratégicas que puedes llevar a cabo. Al reconocer su valor y preeminencia infinitos, te abres a una mayor oportunidad de comunión con Él y, como resultado, oírle a Él directamente.

Si estás buscando tu destino o llamamiento, debes ser capaz de oír al que llama. Una llamada siempre presupone que alguien la está realizando. Tienes que ser capaz de oír que suena el teléfono y saber que Él está en la línea.

Un suceso registrado para nosotros en el libro de Hechos destaca dos aspectos de la adoración: el contexto y el contenido de tu llamamiento.

> Había entonces en la iglesia que estaba en Antioquía, profetas y maestros: Bernabé, Simón el que se llamaba Niger, Lucio de Cirene, Manaén el que se había criado junto con Herodes el tetrarca, y Saulo. Ministrando éstos al Señor, y ayunando, dijo el Espíritu Santo: Apartadme a Bernabé y a Saulo para la obra a que los he llamado. Entonces, habiendo ayunado y orado, les impusieron las manos y los despidieron (Hch. 13:1-3).

El contexto

El comienzo de Hechos 13 nos proporciona el contexto en el que Pablo y Bernabé recibieron instrucción clara en cuanto a su propósito. Ambos estaban en Antioquía, rodeados de otros profetas y maestros. La iglesia de Antioquía incluía personas de diferentes culturas: el término griego traducido *Niger* significa "negro", y Cirene era una nación africana. Esta iglesia también incluía personas de diferentes clases sociales: Manaén se había criado junto con Herodes el tetrarca y, por tanto, procedía de la realeza y de la corte. Cuando Dios nos llama a estar unidos en el cuerpo de Cristo, no nos llama a que todos seamos lo mismo. La unidad no significa uniformidad. Unidad significa unicidad de propósito.

Estos hombres en la iglesia de Antioquía tenían un propósito. Estaban procurando escuchar a Dios mientras le adoraban, y no permitieron que sus diferencias los dividieran. Más bien, se reunieron con un propósito en mente: escuchar a Dios.

Sabemos que se reunieron para escuchar a Dios, porque el pasaje los describe como profetas y maestros. En los tiempos bíblicos, los profetas proclamaban la Palabra de Dios y aplicaban su verdad a la vida de los oyentes. Los maestros eran los pedagogos que se aseguraban que los creyentes entendían la Palabra de Dios. La iglesia de Antioquía estaba compuesta por líderes que comunicaban la verdad de Dios de una manera relevante a la congregación.

Se reunieron no solo para saber de Dios, sino también para adorarle. Leemos: "Ministrando estos al Señor, y ayunando, dijo el Espíritu Santo…" (v. 2). Ministrar al Señor es adorarle, alabarle, y ofrecerle nuestro servicio. ¿Sabías que una de las razones principales por las que vas al templo para congregarte con la iglesia y tener un tiempo personal con Dios es para servirle? Tú participas en estas prácticas, no solo para ministrarte a ti mismo, sino también para que puedas servir a Dios.

En nuestras iglesias y en nuestros momentos personales de adoración, tenemos que tener cuidado de no llegar a ser tan mecánicos o planificados que le saquemos a Dios de la foto. Tenemos que tener cuidado de no ocupar tanto el tiempo que no dejemos espacio para que sople un viento fresco o para que el Espíritu Santo guíe y dirija nuestra experiencia con Él.

> La adoración te permite sintonizar con la frecuencia del cielo.

La función del Espíritu Santo es comunicarse con el pueblo de Dios. La adoración es uno de los contextos en los que Él lo hace, como vemos en Hechos. Piensa en el cielo como teniendo una frecuencia, y piensa en la adoración como tu antena. La adoración te permite sintonizar con la frecuencia del cielo.

Actualmente, la mayoría de la gente no tiene antenas porque vivimos en un mundo de televisión por cable, antenas parabólicas e Internet, pero, si alguna vez tuviste una antena, probablemente tuviste que moverla y ajustarla hasta que conectaba con la señal. Cuando estabas conectado con la señal, veías una imagen clara.

En la adoración, tú ajustas tu antena espiritual de modo que puedes recibir la señal del Espíritu Santo con claridad. En este contexto, al buscar a Dios a través de su Palabra y en la adoración, Pablo y Bernabé recibieron instrucciones específicas en cuanto a su propósito.

Amigo, no te sorprendas si descubres tu llamamiento mientras estás buscando a Dios a través de su Palabra en el templo, leyendo las Escrituras, o escuchando sermones grabados. Casi todas las semanas predico un sermón de una hora de duración a miles de personas, la mayoría de las cuales no las conozco en un ámbito muy personal. Sin embargo, sin falta, la gente se me acerca después del culto y me dicen que el sermón tenía su nombre escrito por todas partes. Me dicen que Dios les habló directamente acerca de algo específico en sus vidas.

Lo bello de la Palabra de Dios es que un mensaje puede ser aplicado en muchas maneras a miles de personas a causa de la obra singular del Espíritu Santo.

¿No has escuchado alguna vez un sermón que parecía tener tu nombre en el título? "Sermón dedicado a _____". Quizá te sentiste como si nadie más estuviera alrededor y el maestro o predicador te hablara directamente a ti. El Espíritu Santo aplicó la verdad genérica directamente a tu situación específica.

Dios puede hablarte de varias maneras. Puede hacerlo directamente durante tu propio tiempo personal con su Palabra, pero también puede hablarte a través de un predicador o maestro que proclama la verdad de Dios. De cualquier modo, Dios hará que su propósito para tu vida sea claro en tu corazón y mente cuando le buscas con una actitud de adoración por medio de su Palabra.

El contenido

En el siguiente versículo de Hechos 13, Pablo y Bernabé experimentaron algo que sucede a menudo hoy cuando la gente escucha un sermón o un mensaje de la Palabra de Dios. Pablo y Bernabé recibieron el contenido de su llamamiento, y sus nombres aparecieron escritos por todas partes. "Dijo el Espíritu Santo: Apartadme a Bernabé y a Saulo para la obra a que los he llamado" (v. 2). Es decir, el Espíritu Santo les habló.

La Biblia no explica cómo aplicar todo lo que enseña a cada circunstancia concreta. Por ejemplo, no te dice dónde trabajar, con quién casarte, o cuál podría ser tu propósito en la vida.

Descubrimos principios y preceptos en la Biblia, pero no encontramos todos los principios y preceptos aplicados a circunstancias específicas. La Biblia no se refiere específicamente a la situación particular de cada persona. A fin de hacer esa aplicación, necesitamos algo más que la Biblia, necesitamos la guía del Espíritu Santo.

Pero, por supuesto, no queremos ir tan lejos como para decir que todo lo que una persona necesita es el Espíritu Santo y que la Biblia no es importante. La experiencia subjetiva de escuchar al Espíritu no puede compararse con la experiencia objetiva de la lectura de las verdades de la Biblia. El Espíritu Santo nunca va a decir nada que contradiga las verdades que escribió en la Biblia. Las Escrituras nos dicen que las palabras de Dios fueron escritas por medio de la inspiración del Espíritu Santo (2 P. 1:20-21). Así que cualquier cosa que el Espíritu de Dios te dice estará de acuerdo con lo que Él escribió para ti. Él no puede contradecirse a sí mismo.

No debemos caer en ningún extremo, sino que debemos combinar los dos. El Espíritu Santo nos guía, dirige, ilumina, informa, inspira, aconseja, consuela, y mucho más en el contexto de la verdad de la Palabra de Dios. Nuestra comprensión humana de las verdades espirituales es limitada, pero el Espíritu nos guía a toda verdad (Jn. 16:13).

> La experiencia subjetiva de escuchar al Espíritu no puede compararse con la experiencia objetiva de la lectura de las verdades de la Biblia.

Un día, estaba dando testimonio a un hombre y le di una explicación irrefutable de la salvación. Presenté la enseñanza, expuse las Escrituras correctamente, y di por sentado que él estaba siguiendo lo que le estaba diciendo. Para asegurarme, le pedí que me explicara cómo alguien llega a ser cristiano. De esa manera yo podía ver si me había escuchado y había entendido el plan de salvación.

Sin embargo, cada vez que yo le pedía a ese hombre que me explicara cómo llegar a ser cristiano, él volvía de nuevo a lo que creía y me daba todas las respuestas erróneas: ir al templo, hacer el bien, y así sucesivamente. Cada vez que él me daba una explicación equivocada, yo empezaba otra vez y le explicaba paso a paso todo el concepto. Después de varios intentos fallidos, pensé en Eliseo pidiéndole a Dios que abriera los ojos de su siervo para que pudiera ver, y yo hice lo mismo con este hombre. Claramente, el problema no estaba en lo que la Biblia decía, ni en lo que yo estaba diciendo. El problema era que había demasiada niebla que saturaba su mente. No podía entenderlo.

Después de orar, empecé a explicárselo todo de nuevo. Pero esta vez —a mitad de camino— vi un gran cambio en él. La luz de sus ojos se iluminó, y lo entendió. El Espíritu Santo había iluminado su mente para que pudiera entender las verdades espirituales que estaba oyendo. Cuando le pedí una vez más que me dijera cómo una persona llegaba a ser salva, me explicó que Jesús había muerto y pagado el castigo por el pecado, que había resucitado de entre los muertos, y que la persona solo tiene que confiar en Él y aceptar personalmente el pago que Él había hecho. Dios había encendido la bombilla.

Él hace lo mismo con tu destino. Conocerás tu destino cuando estés viviendo un estilo de vida de adoración. La bombilla se encenderá, y tú dirás: "¡Ya lo entiendo! ¡Para eso fui creado!". El Espíritu Santo iluminará tu mente y te revelará la verdad profunda de tu propósito. De hecho, puede ser tan profunda que al principio te resulte difícil expresarla. Sabrás de qué se trata, pero tendrás problemas para explicarlo a otras personas o incluso saber exactamente cuándo y dónde tendrás la oportunidad de experimentarlo. Pero sabrás, sin sombra alguna de duda, que eso es lo que se supone que debes hacer con la vida que te ha sido dada. El Espíritu Santo tiene una tarea para ti con tu nombre en ella…

> Tu tarea, propósito y destino tienen también tu nombre en ellos.

…así como hizo con Bernabé y Saulo. ¿Te diste cuenta cuán específicamente habló el Espíritu? Llamó a Bernabé y a Saulo, y dijo que tenía un trabajo para ellos. Tu tarea, propósito y destino tienen también tu nombre en ellos. Y están para que tú los hagas. Tú tienes un llamamiento único. Cuando no sabes qué es y funcionas fuera de tu vocación, estás tratando de hacer algo para lo cual nunca fuiste creado.

Con el fin de oír a Dios llamándote por tu nombre, es necesario que prestes atención a la voz suave y apacible que viene en medio de la adoración a Dios y de buscarle a través de su Palabra. Él habla profundamente a tu espíritu de una manera diferente a cualquier otro. Y sus palabras no contradicen la revelación de las Escrituras. Más bien, la Biblia confirmará el mensaje del Espíritu para ti.

Cuanto más cerca estás de Dios, menos tienes que fabricar tú en tu vida. Cuanto más lejos estás de Él, más tienes que fabricar. ¿Por qué? Porque cuanto más cerca estés, mejor podrás oírle y caminar en su propósito para ti. Puede que en este momento tú no veas claro tu propósito porque no estás en un espíritu de adoración ante Dios. Cuando desarrollas un estilo de vida de adoración, le escucharás. Aprenderás a reconocer su voz llamándote por tu nombre.

Deja que Dios conduzca

Cuando mis hijos eran pequeños, nos íbamos al estacionamiento del edificio de la iglesia en la noche del sábado, cuando se hallaba vacío, y yo los dejaba "manejar" el coche. Cada uno de ellos tenía su turno sentado en mi regazo para mover el volante. Ellos no sabían que mientras "estaban conduciendo", yo era el que en realidad controlaba la conducción. Mi pie estaba en el freno o en el acelerador y, con independencia de dónde ellos tenían sus manos en el volante, yo tenía sujeta la parte baja del mismo con dos dedos para controlar hasta dónde podían moverlo. Ellos no iban a ir demasiado rápido, ni tampoco iban a ir a ninguna parte que no debieran.

En otras palabras, ellos se posicionaron para ir a alguna parte, pero yo controlaba a dónde iban. Como resultado, ellos tuvieron una experiencia mucho mejor que si hubieran conducido por su propia cuenta.

Amigo, cuando tú adoras, te subes al regazo de Dios y te pones en el mejor lugar para ir a donde Él quiera llevarte. Te dispones para tener un buen viaje en esta vida porque te colocas cerca de Él, en su presencia. Nunca vas a descubrir tu destino mientras trates de actuar independientemente de Dios.

Cuando te acerques a Él, oirás que te llama por tu nombre. Eso es lo que le sucedió a Samuel. Estando en el templo, en la casa del Señor, Samuel escuchó que Dios le llamaba: "Samuel" (1 S. 3:1-10).

Dios tiene un llamamiento, un destino, con tu nombre en él. Yo no sé lo que es. No puedo decírtelo. No me escribas para preguntarme qué es porque yo solo puedo indicarte que vayas a Dios. Pero sí sé que tu destino siempre facilitará tu pasión, visión, dones, experiencia y oportunidades. Encenderá un fuego en ti cuando lo oigas, lo veas, o lo hagas. Un fuego tal que lo harías incluso si no te pagaran por hacerlo, simplemente porque fuiste hecho para ello.

Tú conocerás tu destino cuando escuches al Espíritu describirlo y poner tu nombre en él. Y, cuando lo hagas, abrázalo con todo lo que tienes dentro de ti. Acéptalo como un acto de adoración a Dios, que le dé la gloria que le corresponde. Después de todo, como veremos en el próximo capítulo, dar la gloria a Dios es el resultado de vivir tu destino.

La gloria

14

La radiación electromagnética te rodea por todas partes. El aire está lleno de ella. Esta radiación permite que hables con alguien por tu teléfono celular, escuches la radio, recibas una señal de televisión a través de tu antena parabólica, o utilices tu computadora de forma inalámbrica.

Nadie puede ver esta radiación electromagnética en nuestra atmósfera. Lo que ves o escuchas es más bien su efecto. Tú ves lo que eso produce.

Las Escrituras nos dicen que ningún hombre ha visto jamás a Dios. Él es invisible a nuestros ojos humanos. Dios es Espíritu, una esencia que nuestros ojos no son capaces de visualizar. Sin embargo, la atmósfera pesa mucho con su presencia, porque Dios está en todas partes.

Cuando la realidad invisible de Dios se manifiesta en colores vivos para su creación, el resultado se llama sencillamente su gloria. La gloria de Dios refleja a Dios mismo. Es la manifestación visible de los atributos invisibles de Dios.

En el Antiguo Testamento, la idea de gloria viene de una serie de términos hebreos. Se entiende mejor a través de tres de ellos. El primero es la palabra hebrea *kâbôd*, que se deriva de la raíz original *kâbad*, y significa "tener peso", "importante" y "honor". El segundo componente de la gloria de Dios viene de la palabra hebrea *hâdâr*. Cuando se combina con su raíz, *hâdâr* significa "aumento", "crecimiento", "esplendor", y "ornamento". El tercer aspecto importante viene de la palabra hebrea *hâlal*, que significa "brillo", "alabanza" y "digno de alabanza".

Cuando combinamos estos pensamientos, vemos que la gloria es el peso y el esplendor brillante de Dios. Él es el Ser de más peso, importancia y profundidad del universo. Glorificarle o hablar de su gloria es celebrar y participar en lo que es invisible a través de lo que ahora puede ser visto y experimentado. Vemos la gloria de Dios cuando Él se manifiesta y se revela de una manera que suscita una respuesta de alabanza de nuestra parte.

A diferencia de todos los demás, Dios es intrínsecamente glorioso. Todos los demás tienen gloria atribuida. Honramos a los agentes de policía, al personal militar y los funcionarios del gobierno por causa de su posición y función. Cuando se quitan el uniforme y las insignias, se les retira el título y deberes, y esas personas ya no reciben la gloria que habían recibido antes. Cuando un juez se pone una toga y ocupa su lugar en el estrado, recibe gloria. Cuando se quita la toga, él es solo otro hombre más que camina por la calle.

Dios no es así. Él es intrínsecamente glorioso independientemente de que nosotros le atribuyamos gloria. Dios es glorioso porque Él es glorioso. Del mismo modo, el agua moja porque está húmeda. No se puede hablar del agua sin hacerlo también de su humedad debido a que la humedad es parte de la naturaleza intrínseca del agua. De igual modo, no se puede discutir sobre el sol sin hablar de su calor ardiente debido a

> Cuando cumples con tu destino, le das deliberadamente toda la gloria de Dios.

que ese calor abrasador es parte de la naturaleza intrínseca del sol. Es irrelevante si tú eres feliz con que el agua sea húmeda o el sol tenga un calor ardiente. Esos atributos son intrínsecos al agua y al sol.

Del mismo modo, Dios es intrínsecamente glorioso. Cuando reconoces su gloria, Él es glorioso. Cuando no reconoces su gloria, Él sigue siendo glorioso. Cuando te gusta su gloria, Él es glorioso. Cuando no te interesas para nada en su gloria, Él sigue siendo glorioso. Dios es glorioso, sencillamente porque Él es así.

Una de las mejores cosas cuando cumples con tu destino es que le das deliberadamente toda la gloria a Dios. Como vimos en un capítulo anterior, el fin principal del hombre es glorificar a Dios y gozar de Él para siempre.

Para decirlo claramente, sea lo que sea que pienses acerca de Dios, Él es mucho más que eso y algo más. La gloria de Dios es mayor que toda su creación. Ten en cuenta que la tierra es solo una pequeña parte de la creación. Dios creó un universo que la humanidad ni siquiera puede comprender. Y Dios es mucho más que eso.

Casi todo lo que Dios creó automáticamente reconoce su gloria:

- "Porque las cosas invisibles de él, su eterno poder y deidad, se hacen claramente visibles desde la creación del mundo, siendo entendidas por medio de las cosas hechas, de modo que no tienen excusa" (Ro. 1:20).
- "Porque de él, y por él, y para él, son todas las cosas. A él sea la gloria por los siglos. Amén" (Ro. 11:36).
- "…todos los llamados de mi nombre; para gloria mía los he creado, los formé y los hice" (Is. 43:7).

Lamentablemente, dos cosas no reconocen la gloria de Dios: Satanás y sus ángeles, y la humanidad caída. Muchas personas no conocen su propósito debido a que han perdido la premisa fundamental de que la vida no se trata de ellos, sino de Él. Dios dice: "Te he creado para mi gloria". Él te creó para que seas el canal de televisión o radio que transmite sus atributos invisibles. Te creó para que le reflejes a Él.

El problema es que la mayoría de nosotros somos antropocéntricos y no teocéntricos. Es decir, estamos centrados en el hombre en vez de estarlo en Dios. Muchas personas son existencialistas, y para ellas el enfoque central de la vida es la experiencia humana y el libre albedrío. El existencialista pregunta: "¿Cuál es mi destino por mí y para mí?". La mayoría de estas personas no afirman abiertamente ser existencialistas, y ni siquiera saben que sus vidas reflejan este sistema de creencias, pero esa es la visión del mundo más común en la sociedad occidental de hoy.

Dios quiere que hagas una pregunta diferente. No preguntes: "¿Cuál es mi destino por mí y para mí?". Pregunta más bien: "¿Cuál es mi destino por Dios y para Dios?". Tú fuiste creado para reflejarle a Él y su gloria a un mundo con la desesperada necesidad de verle, experimentarle y sentirle a Él y su gloria.

Llevo sirviendo como pastor más de 36 años y he visto una

tendencia en la iglesia que me entristece: los individuos vienen al templo para ser bendecidos. Vienen al templo con ganas de saber lo que la iglesia va a hacer por ellos. Quieren saber lo que hay para ellos. No hay nada malo con ser bendecidos, pero el problema viene cuando las personas se centran en su propia bendición. Olvidan el propósito superior de permitir que la bendición toque a otros y refleje la gloria de Dios.

> Cuando bendecimos a otros, reflejamos la gloria de Dios.

Centrarnos en nuestras propias bendiciones lleva a la frustración, la depresión y el vacío, porque Dios nos ha creado a cada uno de nosotros para sí mismo. Cuando bendecimos a otros, reflejamos la gloria de Dios, y tanto el que da como el receptor quedan bendecidos. Sin embargo, cuando nuestra vida se centra en nosotros mismos y no en Él, nos perdemos la experiencia de la gloria de Dios que viene por medio de bendecir a otros.

Dios te creó para su gloria. Él te bendice cuando reflejas su bendición. ¿Por qué debería Dios mostrarte su propósito para tu vida si no estás seguro de si buscas reflejar su gloria o la tuya propia?

La gloria más grande

Siempre podemos centrarnos en Dios porque nadie es más grande que Él. En tu mejor día, alguien es todavía más grande que tú. Puedes ser guapo, pero alguien es todavía más guapo. Puedes ser inteligente, pero alguien es más inteligente que tú. Puedes ser rico, pero alguien es incluso más rico. Sin embargo, cuando Dios busca a alguien más grande que Él mismo, no encuentra a nadie en absoluto. Nadie es más grande que Dios. Por tanto, nada ni nadie merece más gloria que Él.

Tú puedes saber si las personas tienen el corazón para Dios al examinar qué gloria están buscando: la de Él o la suya propia. Este es el punto de partida para el crecimiento cristiano: "creced en la gracia y el conocimiento de nuestro Señor y Salvador Jesucristo. A él sea gloria ahora y hasta el día de la eternidad. Amén" (2 P. 3:18). El deseo y el impulso para reflejar la gloria de Dios es un indicador del crecimiento espiritual. Si tú estás buscando más gloria para ti mismo y Dios está recibiendo menos gloria en tu vida, estás yendo en la dirección espiritual equivocada. A medida que creces en vivir tu propósito, se incrementará tu pasión por su nombre, su gloria y su reconocimiento.

Lo contrario es también cierto. El pecado puede aumentar en la vida de la persona, incluso si nunca sale a robar un banco. El pecado es, con frecuencia, cada vez mayor cuando las personas tratan de hacer suya la gloria que pertenece solo a Dios. En Isaías leemos: "Yo Jehová; este es mi nombre; y a otro no daré mi gloria" (Is. 42:8). Cuando tratas de apropiarte de la gloria de Dios, eres un ladrón cósmico. Todo aquello con lo que Dios te ha bendecido —intelecto, apariencia, riqueza, o tu personalidad sociable—, Dios ha de recibir la gloria porque es Dios quien te lo ha dado. El pecado domina nuestro pensamiento y nuestra vida cuando guardamos para nosotros mismos la gloria y el reconocimiento visible que Dios exige y merece.

> A medida que creces en vivir tu propósito, se incrementará tu pasión por su nombre, su gloria y su reconocimiento.

La gloria de Dios que lo abarca todo

Muchos de nuestros problemas hoy provienen del hecho de que no estamos saturados de la gloria de Dios. Echamos mano de ello por un rato el domingo por la mañana y, posiblemente, el miércoles por la noche. O podríamos intentar acceder a ello al ver a un predicador de televisión o participar en un estudio de la Biblia. Pero observa cómo describe el libro de Apocalipsis la naturaleza universal de la gloria de Dios, la cual un día experimentaremos en toda su plenitud en el cielo: "La ciudad no tiene necesidad de sol ni de luna que brillen en ella; porque la gloria de Dios la ilumina, y el Cordero es su lumbrera" (Ap. 21:23). Si la gloria de Dios, visible y sin límites, brilla más que el sol en el cielo, sin duda alguna mucho de esa gloria está llegando a la tierra en estos momentos.

En vez de dar a la gloria de Dios un gesto de afirmación o un canto o un par de horas de tiempo en un domingo, complácete ahora en la poderosa presencia de Dios. Cuanto más cerca estés de Él, tanto más llegarás a experimentar el poder y el propósito de su gloria. Moisés le pidió a Dios que le mostrara su gloria:

[Moisés] entonces dijo: Te ruego que me muestres tu gloria. Y [Jehová] le respondió: Yo haré pasar todo mi bien delante de tu rostro, y proclamaré el nombre de Jehová delante de ti; y tendré misericordia del que tendré misericordia, y seré clemente para con el que seré clemente. Dijo más: No podrás ver mi rostro; porque no me verá hombre, y vivirá. Y dijo aún Jehová: He aquí un lugar junto a mí, y tú estarás sobre la peña; y cuando pase mi gloria, yo te pondré en una hendidura de la peña, y te cubriré con mi mano hasta que haya pasado. Después apartaré mi mano, y verás mis espaldas; mas no se verá mi rostro (Éx. 33:18-23).

En esencia, Dios dijo que cuando Él pasara por allí, permitiría que Moisés le viera por detrás, porque si le permitía mirarle directamente a Él y su gloria, Moisés no podría seguir viviendo. Puede que sea similar a ser expuesto a una reacción nuclear: Moisés se desintegraría por el peso de lo que experimentaría. Por eso, cuando tú y yo vayamos al cielo, recibiremos nuevos cuerpos glorificados. Estos nuevos cuerpos serán capaces de contemplar y experimentar el esplendor de Dios en toda su plenitud.

Dios le permitió a Moisés ver solo una pequeña porción de su gloria en la tierra, porque eso era todo lo que él podía soportar. La gloria de Dios es poderosa, y algo tan poderoso, importante y de peso debe ser tomado en serio. Así que cuando Dios dice que hemos sido creados para su gloria, Él nos da una misión increíble. Tenemos un increíble privilegio. Dios nos permite y, de hecho, intencionalmente nos elige para que reflejemos su gloria esplendorosa. Tu propósito es ser una reflexión visible, física e histórica de lo que un día nos consumirá y abarcará en la eternidad. Hemos de tocar el cielo al reflejar la gloria de Dios en la tierra.

Glorificar a Dios por medio del sacrificio

Glorificamos mejor a Dios al hacer lo que Él nos dice que hagamos y no simplemente lo que nosotros queremos hacer. Jesús dice: "Yo te he glorificado en la tierra; he acabado la obra que me diste que hiciese" (Jn. 17:4). Glorificar a Dios y cumplir tu destino están conectados directamente.

El año pasado, Dios me dio la tarea de servir a los miembros del equipo de los Dallas Cowboys como su capellán, y yo glorifiqué a Dios haciendo la tarea que me había encomendado. Pero hacerlo no me costó nada a mí personalmente. De hecho, me hizo sentirme muy feliz cumplir con los requisitos de la tarea. Me encantó esa asignación. Lo difícil es dar gloria a Dios haciendo lo que Él te ha pedido que hagas cuando eso te cuesta algo, como tu libertad, tus deseos personales, tu comodidad o tu orgullo.

Cuando Jesús se estaba preparando para ser llevado a la cruz y ser crucificado por los pecados de toda la humanidad, Él dijo algo muy revelador acerca de cómo hemos de glorificar a Dios. "Ahora está turbada mi alma; ¿y qué diré? ¿Padre, sálvame de esta hora? Mas para esto he llegado a esta hora. Padre, glorifica tu nombre" (Jn. 12:27-28).

Jesús no anduvo con rodeos. No endulzó sus sentimientos. El alma de Jesús estaba turbada. Quería pedirle a Dios que le salvara de esa hora. Él esperaba que Dios no le hiciera pasar por lo que iba a suceder. Pero entonces lo cambió todo porque lo que estaba a punto de experimentar estaba vinculado directamente con su propósito y con la gloria de Dios. "Adelante, Padre", dijo Jesús. "A esto vine. Glorifica tu nombre".

A pesar de que Jesús quería una salida, llevó a cabo la obra para la cual había sido enviado, porque Él sabía que en ese propósito —en el cumplimiento de la obra que Dios había destinado para Él, por muy doloroso que fuera— Él estaba dando gloria a Dios.

¿Procuras la relación con Dios por amor a Él o por tu propio bien?

> Glorificamos mejor a Dios al hacer lo que Él nos dice que hagamos y no simplemente lo que nosotros queremos hacer.

Dios revelará tus auténticos motivos al permitir un día de angustia. No querrás que las cosas sigan por el camino que van. No querrás que las cosas resulten en la manera que están resultando. No querrás ir por ese camino. No querrás ir allí, hacer eso, o experimentar esa situación, porque sabrás que los pasos que tengas por delante serán dolorosos. Sin embargo, seguirás adelante de todos modos porque eso es lo que Él te pidió que hicieras.

Todos nosotros podríamos glorificar a Dios si Él nos enviara un millón de dólares, nos diera una nueva casa, resolviera todos nuestros problemas, o hiciera que las situaciones en el trabajo resultaran a nuestro favor. Cualquiera puede hacer eso. Pero Dios quiere saber si le glorificaremos cuando tengamos que cargar con nuestra cruz y seguirle. ¿Qué sucede cuando no consigues el ascenso o te pasan por alto en el trabajo? ¿Qué pasa cuando tu cónyuge te abandona o tus hijos se rebelan? ¿Qué sucede cuando el médico no te da el informe que querías oír? ¿Qué haces entonces? ¿Haces todavía lo que Él te ha pedido que hagas? ¿Sigues todavía caminando fielmente con Él? ¿Andas todavía por el camino que Él te ha mostrado? ¿O tiras la toalla, abandonas y te vas?

Dios quiere saber, ¿estás en esto por ti o estás en esto por Él?

La tragedia hoy es que la mayoría de nosotros, por lo general, estamos en esto por nosotros mismos. Cuando el dolor y las decepciones de la vida se presentan, queremos corregirlas, modificarlas o dejarlas por completo. Al mismo tiempo, nuestra fe y alabanza disminuyen rápidamente para convertirse en un mero susurro.

> ¿Estás en esto por ti o estás en esto por Él?

Dios no te salvó solo para llevarte al cielo. Dios te salvó para que la tierra tuviera un reflejo vivo en alta definición de su gloria. Es por eso que Job dijo: "He aquí, aunque él me matare, en él esperaré" (Job 13:15). Job no dio marcha atrás en exponer su caso, argumentar sus puntos, y presentar sus quejas a Dios. Pero también fue corregido al final del día. Job estaba dispuesto a ser corregido debido a lo que afirmó: "En él esperaré". En esencia, él estaba desahogándose con Dios. Pero cuando todo estaba dicho y hecho, Job dijo: "Mi mano pongo sobre mi boca" (Job 40:4). Confío en ti.

Habacuc también sufrió. Después de soportar la opresión del

enemigo, la desesperación y la escasez, resumió su experiencia diciendo esto:

> Aunque la higuera no florezca,
> Ni en las vides haya frutos,
> Aunque falte el producto del olivo,
> Y los labrados no den mantenimiento,
> Y las ovejas sean quitadas de la majada,
> Y no haya vacas en los corrales;
> Con todo, yo me alegraré en Jehová,
> Y me gozaré en el Dios de mi salvación.
> Jehová el Señor es mi fortaleza,
> El cual hace mis pies como de ciervas,
> Y en mis alturas me hace andar (Hab. 3:17-19).

Cuando cambias tu manera de ver el propósito y la gloria de Dios —como hicieron Job y Habacuc—,recibes toda la atención de Dios. Dios restauró a Job más de lo que había perdido. Habacuc caminó sobre las alturas por encima de la situación y de los demás a su alrededor. Jesús resucitó de entre los muertos y está sentado a la diestra de Dios como el Rey de reyes y Señor de señores.

De gloria en gloria

Una vez que ves toda tu vida —lo bueno, lo malo y lo amargo— a través de la rejilla de la gloria de Dios, todo cambia.

Y observa lo que sucede después. "Por tanto, nosotros todos, mirando a cara descubierta, como en un espejo la gloria del Señor, somos transformados de gloria en gloria en la misma imagen, como por el Espíritu del Señor" (2 Co. 3:18). Toma esta decisión de desvelar tu rostro, corazón y espíritu —tu alma— delante de Dios. Retira las capas de autopreservación, protección y orgullo, y confía auténticamente en Él. Cuando lo hagas, serás transformado. Su gloria descansará sobre ti y eso se convertirá en tu gloria.

Serás como Moisés, que fue transparente en la presencia de Dios durante un período prolongado de tiempo. Cuando regresó a su pueblo: "al mirar los hijos de Israel el rostro de Moisés, veían que la piel de su rostro era resplandeciente" (Éx. 34:35). La gloria de Dios estaba sobre él. Cuanto más tiempo permanecía Moisés lejos de Dios, tanto más se desvanecía la gloria de Dios, y el rostro de Moisés dejaba de tener ese mismo brillo hasta que regresaba a la presencia de Dios.

Sin embargo, 2 Corintios nos recuerda que nosotros no somos como Moisés porque estamos viviendo bajo el nuevo pacto, y la gloria de Dios nos transforma ahora continuamente desde nuestro ser interior. La gloria de Dios va a irradiar dentro de ti tanto que vas a tener un brillo que no depende de tus circunstancias. Tu resplandor no tendrá nada que ver con tu situación. En su lugar, brillarás porque tú has abrazado el propósito de Dios en tu vida, que es glorificarle confiando en Él incluso en situaciones que no puedes entender y no quieres experimentar.

Si quieres conocer tu destino, vive para la gloria de Dios, incluso en las cosas más cotidianas y mundanas de la vida (1 Co. 10:31). Cuando vives para su gloria, Él te revelará tu destino. Pero Él no te lo va a mostrar si tú primero no respetas su presencia. Una vez que eso lo tengas bien resuelto, no es necesario que te agotes a ti mismo tratando de encontrar tu destino. No necesitas ir a los confines de la tierra para conocer tu destino.

> Si tú quieres conocer tu destino, vive para la gloria de Dios.

Una vez que has decidido vivir para la gloria de Dios, independientemente de lo que quieres hacer, sentir, o experimentar, Dios hará que tu destino quede claro para ti. Como ya leímos: "Mas buscad primeramente el reino de Dios y su justicia, y todas estas cosas os serán añadidas" (Mt. 6:33). Jesús no dijo: "Mas buscad primeramente el reino de Dios y su justicia [es decir, su gloria], y luego dedicaros a buscar todas las otras cosas también". No, cuando tú buscas el reino y la gloria de Dios primeramente, todas las otras cosas te serán añadidas. Vendrán a ti. Dios se responsabiliza de proporcionarte todo lo que necesitas para que tú hagas lo que Él quiere. No tendrás que dañarte la espalda para conseguirlo. No tendrás que agotarte tratando de lograrlo. Dios hará que fluyan naturalmente hacia ti, ya que, después de todo, Él recibirá la gloria. A Dios no le importa pagar la cuenta para hacer que tu destino se abra ante ti cuando Él sabe que lo vas a hacer, cualquiera que sea, y que Él recibirá la gloria.

Antes de dar otro paso hacia el descubrimiento de tu destino, tienes que tomar una decisión. ¿Vas a vivir para la gloria de Dios o la tuya propia? ¿Vas a vivir para tu nombre, reputación, reconocimiento, exaltación y tus 15 minutos de fama? Si eso es lo que quieres, eso es todo lo que vas a tener y, confía en mí, esos 15 minutos de fama siguen siendo solo 15 minutos a la luz de la eternidad. No van a durar tanto tiempo.

¿O vas a vivir para el Rey eterno, que gobierna sobre un reino eterno? Su destino para ti te incluye a ti y tus beneficios, pero ha sido diseñado para el avance de su reino en la tierra, para bendecir a otros y reflejar su gran gloria.

Gloria reflejada

Muchos hombres han paseado junto con una hermosa mujer al aire libre en una noche de luna llena y han señalado hacia la luna. Hay algo romántico en una luna llena en el contexto de un cielo oscurecido. Pero, si recuerdas algo de tus clases de ciencias, sabes que la luna no tiene luz propia. La luna está oscura las 24 horas del día, siete días a la semana. Cuando miramos a la luna, vemos el reflejo brillante del sol que es aún más brillante. La luna radiante no trabaja por propia cuenta; más bien, refleja el trabajo del sol en todo su esplendor, porque la luna no produce luz.

El problema es que a veces algo se interpone en el camino. En realidad, es la tierra la que se interpone en el camino. Cada vez que vemos iluminada solo una parte de la luna, la tierra está bloqueando la gloria del sol. El sol todavía está allí para iluminar toda la luna, pero debido a la forma en que la tierra y la luna giran, la tierra a veces bloquea la luz del sol y evita que se refleje en la luna llena.

Amigo, ¿qué estás permitiendo que se interponga en el camino de la gloria de Dios y que limite tu capacidad de ser un reflejo completo de Él? ¿Qué hay entre ti y el deseo de Dios de que tú reflejes una esperanza y una dirección completas, la plenitud de poder y de la paz? Solo después de darte cuenta de que estás creado para reflejar a Dios y que tu vida se trata de Él vas a ser capaz de vivir plenamente tu destino. Si no lo haces, te unirás a los incontables millones de personas que simplemente pasan por la vida existiendo día a día y que comparecerán ante su Creador en el cielo, solo para oírle decir: "Tuve mucho que quería lograr por medio de ti. Tenía tanto que yo quería hacer a través de ti. Tenía tanto que yo quería mostrarte, pero nunca conseguí que enfocaras tu atención completa e indivisible en mi gloria. Tú querías lo tuyo propio".

Amigo, todo tiene que ver con su gloria.

Y en el caso de que no me hayas oído (es tan importante que voy a decirlo una vez más), tu destino se trata de su gloria.

El futuro 15

He hablado con muchas personas en los últimos años que parecen estar viviendo con una sensación de desesperanza. Preguntas como estas dan vueltas en su cabeza: ¿Llegaré alguna vez a donde se supone que debo estar? ¿Voy a hacer alguna vez lo que se supone que debo hacer? ¿Funcionará la vida alguna vez para mí? Estas personas han perdido el sentido de la esperanza. Han perdido el sentido del destino.

Amigo, si piensas que eso te retrata a ti, tengo un buen versículo para animarte en tu camino. Se encuentra en un capítulo difícil de un libro difícil; es un rayo de esperanza rodeado de nubes de desaliento. Tal vez eso sea lo que tú sientes hoy. Puede que te sientas como que estás aguantando un día malo tras otro, un mal año tras otro, o incluso una década mala tras otra. Sin embargo, aunque este versículo está rodeado por la desesperación y desesperanza, ofrece todo lo contrario. Ofrece esperanza, significado y propósito. Tú también puedes descubrir tu destino, incluso en medio de la desesperación.

"Porque yo sé muy bien los planes que tengo para ustedes —afirma el Señor—, planes de bienestar y no de calamidad, a fin de darles un futuro y una esperanza" (Jer. 29:11, NVI). Esa es la promesa de Dios para ti.

Muchos de nosotros hacemos resoluciones de Año Nuevo, y la mayoría las incumplimos. Estas pueden incluir mejorar como persona, comer mejor, hacer más ejercicio, memorizar las Escrituras, o ver menos fútbol. Una resolución es simplemente una decisión firme de hacer algo. Es un decreto o una promesa. Cada mes de enero, nuestras resoluciones resuenan con la determinación y la esperanza de un nuevo comienzo. En mayo, su molesta presencia nos recuerda que no hicimos todo lo necesario para alcanzar nuestras metas. En diciembre, la mayoría de nosotros hemos olvidado lo que resolvimos hacer.

Puede o no que te unas a los millones de personas que hacen resoluciones de Año Nuevo, pero quiero recordarte que hay Uno que ha mantenido todas las resoluciones que siempre ha hecho. Él cumple sus promesas. Él cumple su palabra.

E incluso si nosotros no somos capaces de aguantar hasta el final en el gimnasio, mantenernos alejados del chocolate, o mordernos la lengua en vez de herir a otros con ella, Él es capaz de hacer todo mucho más abundantemente de lo que nosotros podamos imaginar. Y ha decidido que tu vida va a ser una *gran* vida, una vida llena de "un futuro y una esperanza". La manera más segura de vivir tu destino es fijar la vista en la fidelidad inmutable de Aquel que ha prometido que el bien y la misericordia te seguirán cuando tú le sigues a Él (Sal. 23:6).

Tu vida puede contener algunas sorpresas, pero yo sé quién sostiene tu vida. Y Él dice que debes tener buen ánimo, porque Él ya lo ha superado todo. Si Él ha vencido, entonces tú, su hijo y su heredero, también has vencido.

Entiendo bien con cuanta facilidad podemos quedar atrapados en las circunstancias de la vida. Las cosas pueden parecer abrumadoras. Yo sé cuán fácilmente podemos perder la esperanza. Pero si mantienes los ojos fijos en el Señor y no en tus circunstancias, verás que Aquel que comenzó en ti tan buena obra también la acabará.

La gente pierde la esperanza cuando no puede ver un futuro. Ayer fue triste, hoy sigue siendo sombrío, y mañana no se ve mejor. El informe del tiempo de tu vida dice: "No saldrá el sol". No hay nada por ahí que lleve tu nombre o parezca relacionado con tu llamamiento o destino.

Si eres una de esas personas, memoriza y medita en Jeremías 29:11. Este gran versículo de un capítulo difícil en un libro igualmente difícil es para todos aquellos que sienten que tienen una mala vida. Dios dio una promesa de esperanza a los hijos de Israel cuando aún estaban cautivos en Babilonia. El versículo 4 nos dice: "Así ha dicho Jehová de los ejércitos, Dios de Israel, a todos los de la cautividad que hice transportar de Jerusalén a Babilonia…". Los hijos de Israel habían sido enviados al exilio. Estarían bajo el juicio de Dios y la disciplina de su mano durante 70 años. Para empeorar las cosas, el lugar al que habían sido enviados era tan pagano como era posible. Babilonia no era el lugar donde los creyentes se reunían. Era un lugar malvado e idólatra, un lugar terrible para vivir, sobre todo si eras un israelita. Estas personas se encontraban en una situación desesperada llena de circunstancias negativas, de influencias paganas y juicio divino. Sin embargo, en medio de este desaliento, desesperanza y dolor, Dios se presenta y dice: "Yo sé los planes que tengo para ustedes".

¿Por qué es esto tan importante? Porque cuando Dios dice que Él tiene un plan, tú sabes que no todo ha terminado. De hecho, todavía estás aquí, así que tu vida no ha terminado. Tu destino no ha terminado. Tu propósito no ha terminado. Tu llamamiento no ha terminado. Tú todavía estás viviendo, respirando y funcionando en el planeta Tierra, por lo que Dios todavía tiene un plan para ti.

> Cuando Dios dice que Él tiene un plan, tú sabes que no todo ha terminado.

Puede que estés diciendo: "Pero, Tony, tú no sabes sobre mi pasado. Es un desastre, Dios nunca me usaría a mí". Bueno, Israel tenía también un pasado. Sin embargo, Dios todavía tenía un plan para ellos que incluían un futuro y una esperanza. Recuerda, algunas de tus más grandes lecciones acerca de la fe y la humildad las aprenderás en la oscuridad. Esos son los momentos cuando te sientes tan desesperado que no sabes dónde está Dios y qué está haciendo, cómo lo está haciendo, y por qué tarda tanto. Dios puede estar en silencio, pero no está quieto. Cuando te sientes más lejos de Él, es cuando Él está más cerca de ti. Uno de los elementos clave de una vida de destino es confiar en el Señor en los momentos que no tienen sentido.

Yo sé que tu vida puede parecer oscura, el camino puede parecer poco claro, y quizá no tenga la menor idea de a dónde te está llevando Dios. De hecho, puede que todo parezca completamente negro. Pero si tú estás en uno de esos momentos ahora mismo, espera porque cuando Dios se mueve, tú te moverás. Tal vez Él se detuvo en la esquina de tu vida en este momento, porque hay demasiado tráfico. No sé la razón por la que Él ha permitido que estés atascado, retrasado, o aparentemente impedido de vivir tu destino correcto en este mismo momento. Pero si Él lo ha hecho, yo sé esto: Él tiene un plan para ti, y es un buen plan que te dará un futuro y una esperanza.

Mientras tanto

Dios te dice qué hacer mientras estás esperando para llevar a cabo tu destino, así como Él se lo dijo a los israelitas. Anteriormente en este mismo capítulo, Él les instruyó: "Edificad casas, y habitadlas; y plantad huertos, y comed del fruto de ellos… Y procurad la paz de la ciudad a la cual os hice transportar, y rogad por ella a Jehová; porque en su paz tendréis vosotros paz" (Jer. 29:5, 7).

Esperar por el momento oportuno para tu destino no es lo mismo que sentarte y no hacer nada. Dios dice que procures ser tan productivo como sea posible allí donde estés. Haz lo que venga a tu mano para hacer. Haz lo mejor con todo lo que se presente delante de ti. Aprovecha el tiempo allí donde estás. Mientras esperas en Dios para tu destino, promueve el bienestar de aquellos que te rodean ahora. Incluso si no estás donde quieres estar, o no estás haciendo lo que quieres hacer, beneficia a aquellos que te rodean. Invierte en ellos y aumenta el bienestar de sus vidas. Sin duda los israelitas no eran felices con su cautiverio en Babilonia, pero Dios les instruyó a orar por los babilonios y trabajar para mejorar su situación. Les dijo que ellos encontrarían su propio bienestar en el bienestar de los babilonios. Dios les bendeciría para ser una bendición para otros.

> Al ayudar a los demás a encontrar y vivir sus destinos, te ayudas a ti mismo a descubrir tu propio destino.

Muchos de nosotros elegimos no hacer nada mientras esperamos que Dios produzca un cambio en nuestras vidas o salgamos de situaciones difíciles. Pero la única vez que tú no tienes nada que hacer es cuando no hay nada que hacer. Si no hay nada que puedas hacer, no hagas nada. Pero si Dios te ha dado algo que hacer allí dónde te encuentras ahora mismo, hazlo con todas tus fuerzas. Invierte en tu entorno en estos momentos. Busca el bienestar de los que te rodean. A medida que te conviertes en una bendición para otros, tú terminas siendo bendecido. Al ayudar a los demás a encontrar y vivir sus destinos, te ayudas a ti mismo a descubrir tu propio destino.

Las personas a menudo pierden la esperanza porque están solo preocupadas por sí mismas. Si tú lo estás pasando mal y lo único que puedes ver es tu propia situación, estás perpetuando tu propia decadencia. A pesar de las circunstancias de los israelitas, ellos tenían que ser productivos a favor de los demás. Tenían que invertir en las vidas de otros; y Dios les prometió que Él invertiría en las de ellos:

> Entonces me invocaréis, y vendréis y oraréis a mí, y yo os oiré; y me buscaréis y me hallaréis, porque me buscaréis de todo vuestro corazón. Y seré hallado por vosotros, dice Jehová, y haré volver vuestra cautividad, y os reuniré de todas las naciones y de todos los lugares adonde os arrojé, dice Jehová; y os haré volver al lugar de donde os hice llevar (Jer. 29:12-14).

Muchos cristianos leen y citan Jeremías 29:11 sin entender plenamente el contexto. ¿Qué es lo que le llevó a Dios a decir eso? Sin conocer la respuesta a esa pregunta, los lectores desechan los principios del resto del pasaje, y no experimentan la verdad del versículo 11. En vez de buscar a Dios con todo su corazón, como nos dice el versículo 12 que hagamos, la gente busca la solución a su problema o el significado en su destino con todo su corazón. Están buscando algo erróneo, por lo que no lo encuentran. Dios dice que Él tiene el plan. Él tiene *tu* plan. Él no quiere que tú vayas a buscar el plan, sino que quiere que le busques a Él. Cuando le encuentras a Él, también encontrarás el plan porque Él sabe lo que es y quiere dártelo.

> Dios no quiere que tú vayas a buscar el plan, sino que quiere que le busques a Él.

Dios tiene un plan para ti. Tiene un destino para ti. Tal vez deberías haberte dado cuenta de ello antes en tu vida. Tal vez no deberías haber hecho esto o aquello o lo otro que te sacó de la pista. O quizá si alguien no te hubiera hecho aquello, lo habrías sabido antes. Tal vez si hubieras sido salvo antes, o no te hubieras casado con esa persona fuera de la voluntad de Dios, o no hubieras buscado una carrera fuera de su voluntad, o no hubieras sido tan rebelde, tal vez habrías llegado a tu destino antes. En cualquier caso, Dios tiene un plan para ti. Y es un buen plan, lleno de futuro y esperanza.

Israel no vería el plan de Dios durante 70 años. Algunos falsos profetas fueron y les hablaron acerca de su liberación (Jer. 14:14; 29:8-9). Pero esos profetas no sabían qué estaban diciendo. Decían a la gente lo que la gente quería escuchar. Dios sabía que el exilio duraría más de lo que ellos pensaban. Por eso les dijo que fueran tan productivos como pudieran allí donde estaban hasta que le vieran a Él hacer lo que dijo que haría.

A los israelitas no les gustaba vivir en esclavitud, y yo estoy seguro que a ti no te gusta no saber cuál es tu destino. Tu mejor curso de acción es buscar a Dios. "Pero sin fe es imposible agradar a Dios; porque es necesario que el que se acerca a Dios crea que le hay, y que es galardonador de los que le buscan" (He. 11:6). Si tú no sabes qué camino tomar, busca a Dios. Si estás en dolor, busca a Dios. Si estás confundido, busca a Dios. Si estás esperando, busca a Dios. Si vienes a verme a mí y me preguntas qué camino debes seguir, yo te voy a enviar de vuelta a Él, porque Él no me ha dicho su plan para ti. Búscale y, en el proceso, vas a descubrir tu destino.

A veces parece que Dios no está haciendo nada. Sin embargo, Él trabaja a menudo de forma invisible —detrás del escenario— transformando los dolores de ayer en la paz de mañana. Dios te está pidiendo que te agarres de su mano y nunca lo sueltes porque Él sabe dónde te está llevando. Te está llevando a un lugar bueno, a un lugar maravilloso que tiene un futuro y una esperanza. Lo que Dios empieza, lo termina. Lo que Dios inicia, lo completa. Puede que estés diciendo: "Tony, estoy metido en este momento en un desastre más grande de lo que te imaginas". A lo que yo respondo: "Mi Dios es aún más grande, más de lo que te puedas imaginar".

Si olvidas todo lo demás que has leído en este libro hasta ahora, recuerda este versículo: "Porque yo sé muy bien los planes que tengo para ustedes —afirma el SEÑOR—, planes de bienestar y no de calamidad, a fin de darles un *futuro* y una *esperanza*" (Jer. 29:11, NVI).

Tú tienes un destino, un buen destino. Busca a Dios y encontrarás tu destino.

CONCLUSIÓN

Soldados, que parecían más robots que hombres, formaban hileras en las calles y los estadios. No por miles como los que más tarde intentarían conquistar el mundo, sino solo por docenas. Solo los suficientes para enviar escalofríos por la espina dorsal de todos aquellos que estos supuestos gobernantes consideraron no aptos para ser llamados seres humanos.

Sin embargo, incluso estos soldados no pudieron evitar que se reuniera un gran número de atletas de muchos países para participar en los Juegos Olímpicos, la mayor competición deportiva mundial.

Era el año 1936. En aquel tiempo ir al cine costaba 15 centavos de dólar, un auto no más de 600 dólares. Babe Ruth había dejado definitivamente su bate, y un joven deportista que un día sería conocido como Joltin' Joe ya empezaba a hacerse notar. Greta Garbo dominaba el cine, y el presidente F. D. Roosevelt seguía tratando de sacar a la economía de Estados Unidos de la Gran Depresión.

A pesar de la rígida segregación en los Estados Unidos, un hombre negro se encontraba ahora en territorio enemigo como el aspirante principal de su país a tres medallas de oro.

Según la definición de Hitler, él no era humano. Y quizá tenía razón, porque lo que este hombre había logrado un año antes en Ann Arbor —establecer tres récords mundiales y empatar un cuarto en 45 minutos— parecía sobrehumano. Ningún hombre ha sido capaz de hacer lo mismo otra vez.

Este hombre nació en 1913 como nieto de esclavos y era hijo de un granjero. Le pusieron el nombre de James Cleveland Owens como su padre. Sin embargo, le cambiaron el nombre James por el de Jesse cuando le dijo a un maestro que él era J. C. Su nuevo nombre, Jesse, curiosamente, se deriva del hebreo *Yishai*, que significa "Dios existe" y "don de Dios".

Jesse fue sin duda un don para todos aquellos a los que él representó en Estados Unidos y para su familia en 1936. Ganó medallas de oro en salto de longitud y en las carreras de 100 y 200 metros, dominando su competición delante del hombre que había dicho que solo existía una raza superior.

Más tarde, el país anfitrión presionó a los estadounidenses para que quitaran de la lista a sus competidores judíos en la carrera final de relevos. Así que unos días después de que Jesse había ganado lo que él pensó que era su última medalla de oro en los Juegos Olímpicos de 1936, le dijeron que iba a participar en la primera etapa de la carrera de relevos de 400 metros para hombres.

Ni Jesse ni su compañero de equipo, Ralph Metcalfe, habían practicado pasar el testigo durante el tiempo que estuvieron en los Juegos Olímpicos. Los relevos no eran una carrera común para ninguno de ellos. Sin embargo, con poco tiempo para la preparación, salieron a la pista, determinados a hacer todo lo mejor que pudieran con lo que tenían. Estaban decididos a cumplir con su destino.

Jesse no solo logró mantenerse en su carril y correr más rápido que sus competidores, sino que pasó el testigo a la perfección y se posicionó para ganar su cuarta medalla de oro en los juegos y otro récord mundial.

Jesse había competido tanto en lo personal como corporativamente en un escenario extranjero hostil, no obstante, salió vencedor y llegó a la cima. A pesar de batallar en territorio enemigo y de la dura segregación en todas partes, Jesse se subió al podio más alto más veces que cualquiera de los otros atletas. Su confianza inquebrantable en lo que había sido creado para ser y para hacer dio a su familia y a su nación una razón para estar orgullosos. De hecho, el país anfitrión honró recientemente las proezas de este hombre al poner su nombre a una calle principal.

Amigo, puede que nunca corras en los Juegos Olímpicos de la manera que lo hizo Jesse Owens. Y lo más probable es que nunca seas dueño de tus propias medallas de oro olímpicas. Pero, al igual que Jesse representó a su país en una nación hostil, tú tienes un destino que consiste en representar el reino de Dios en un mundo hostil. Como creyente, tú has sido llamado para correr tu carrera en territorio enemigo. Has sido elegido para que te centres en ganar el oro, y has recibido todo lo necesario para conseguirlo.

El líder de la coalición enemiga te está observando y ha declarado tu derrota antes incluso de que comenzara tu carrera. Sus seguidores han formado hileras en las calles y el estadio de tu corazón y mente, por tu atrevimiento de querer demostrar que su líder está equivocado. Ellos no creen que lo puedas hacer.

Y ahora, como uno de los elegidos de Dios para ser injertados en su cuerpo, la Iglesia, te han pedido que participes en la carrera de relevos. Has sido llamado a correr, no solo para ti mismo o para tu país, sino para todos los que vienen después de ti en esta carrera.

Debes pasar el testigo del reino.

Cuando Jesse participó en los Juegos Olímpicos de 1936, lo hizo por él y por su país. Cuando corrió las dos carreras de 100 y 200 metros, fue por la misma razón. Pero cuando él se lanzó en la primera etapa de la carrera de relevos de 400 metros para hombres, también corrió por aquellos que venían después de él ese día. Porque la clave para ganar cualquier relevo es pasar bien el testigo. Es conectar a la perfección con el siguiente corredor. La victoria está en lo bien que tú le posicionas a él para correr.

Vivir tu destino implica tus carreras personales en la vida. Tiene que ver con tu familia y tu iglesia. Pero después de hacer bien todas esas cosas, también consiste en pasar el testigo, en ayudar a los miembros de la siguiente generación a vivir también sus destinos en el reino de Dios.

Tu destino es acerca de algo que es mucho más que tú. Es parte del rompecabezas que incluye otros que viven sus destinos también. Si Jesse no hubiera participado en la carrera de relevos ese día, puede que los otros tres corredores no hubieran obtenido sus medallas de oro. Estar a la altura de tu destino es una responsabilidad dada por Dios que incluye tus talentos, habilidades, pasión, experiencias y mucho más. Dios vincula a todo eso junto como su don para ti con el fin de que puedas vivir tu vida como un don para Dios y para los demás.

Tú tienes un destino. Aprovéchalo. Es tuyo para que lo lleves a cabo.

PREGUNTAS PARA DISCUSIÓN Y REFLEXIÓN PERSONAL

Introducción

1. El doctor Evans dice: "Muchos hijos de Dios se han vuelto contra su Creador. En vez de vivir para Él, deciden vivir para sí mismos". ¿Te has sentido alguna vez tentado a vivir para ti? ¿En qué formas?
2. ¿Has tratado alguna vez de ser otra persona? ¿Quién? ¿Cómo trataste de ser como esa persona?

Capítulo 1: El concepto

1. "Dios puso al ser humano en la tierra para servir como administrador de su creación... Dios te ha diseñado de manera que tengas todo lo que necesitas a fin de gobernar de manera productiva tu mundo". ¿En qué formas puedes ser un mayordomo de Dios en tu mundo? En otras palabras, ¿qué significa para ti administrar productivamente tu mundo?
2. ¡Tú eres una obra maestra de Dios; eres único, especial y valioso! Menciona algunas de tus características singulares.
3. ¿Cómo podría usar Dios esas características para extender su reino? ¿Qué indicaciones te dan esos dones sobre tu destino dado por Dios?

Capítulo 2: El reino

1. ¿De qué manera puedes buscar personalmente el reino de Dios como tu primera prioridad?
2. ¿Has luchado alguna vez con la búsqueda de otras cosas antes de buscar el reino de Dios? ¿Qué cosas?
3. "Si realmente le pones a Él antes de todas las cosas, Él las mantendrá unidas". ¿De qué forma has experimentado esto en tu vida?
4. "Dios no te salvó solo para llevarte al cielo" —con lo

maravilloso que sea eso— sino para que "Él pueda cumplir su propósito por medio de ti en la tierra". ¿Debe ser "ir al cielo" tu meta suprema? ¿Por qué sí o por qué no?

Capítulo 3: La razón fundamental

1. Háblanos de una ocasión cuando te sentiste plenamente realizado. ¿Por qué te sentiste de esa manera en esa situación?
2. Completa esta frase: Sabré que he tenido éxito cuando...
3. ¿Tienes un sentido claro de dirección en un área en particular de tu vida? ¿Necesitas dirección? Aporta algunos ejemplos.

Capítulo 4: La plenitud

1. El doctor Evans señala que predicar le hace sentir vivo. ¿Puedes pensar en un tema, actividad, necesidad o meta que te estimula? ¿Puedes pensar en un momento cuando te sentiste motivado al hacer algo? Explícalo.
2. "Todo lo que haces ahora se ha convertido en actividad del reino, incluso si una vez lo consideraste como algo secular. No hay distinción entre lo secular y lo sagrado cuando eres una persona con mentalidad del reino". Enumera algunas partes aparentemente seculares de tu vida que ahora se han convertido en sagradas.

Capítulo 5: La intención

1. "Dios es soberano sobre todas las cosas, incluyendo la creación de la vida. Eso significa que nada te sucede a ti sin que antes pase primero por la mano de Dios, incluida tu propia existencia". Enumera un par de situaciones retadoras en tu vida. ¿Pasaron por la mano de Dios antes de que llegaran a ti? ¿Por qué es esa una pregunta importante para pensar en ella?
2. "A fin de vivir tu vida con calma, debes aceptar plenamente la soberanía de Dios en vez de cuestionarla". ¿Estás viviendo con tranquilidad? Piensa en un área en tu vida en la que te gustaría ser más tranquilo. Habla o escribe una o dos frases expresando la soberanía de Dios en esa área.

3. ¿Qué ajustes has tenido que hacer para poder vivir en el reino de Dios?

Capítulo 6: La pasión

1. ¿Qué es lo que más te apasiona? ¿Cómo expresas esa pasión?
2. ¿Qué actividades aparentemente sin sentido o mundanas en tu vida te están en realidad ayudando a cumplir algún día tu pasión?
3. ¿Qué te gustaría hacer si tuvieras todo el dinero y tiempo que necesitaras?
4. ¿Qué te gustaría intentar si supieras que no podrías fallar?

Capítulo 7: La visión

1. Abraham fue bendecido para ser una bendición. Menciona una bendición que Dios te ha dado a *ti* que Él quiere usar para bendecir a otros *por medio* de ti.
2. ¿Has tenido que dar alguna vez un paso audaz a fin de seguir la dirección de Dios? Si puedes, cita un ejemplo.
3. ¿Tienes un sueño? ¿Qué esperas estar experimentando dentro de un año a partir de ahora, dentro de cinco años, o dentro de diez años?
4. El doctor Evans escribe: "Si algo en tu corazón te preocupa o evoca fuertes emociones en ti, antes de tratar de disuadirte a ti mismo de esos sentimientos o racionalizarlos, pregúntale a Dios si son pistas sobre tu visión y destino". ¿Qué evoca fuertes emociones en ti? ¿Cómo podría eso llevarte a la visión de Dios para tu vida?

Capítulo 8: Los dones

1. ¿Has sentido alguna vez la unción de Dios, un tiempo cuando Él te dio poder para ser más eficaz de lo que tú hubieras podido ser solo por ti mismo? Si puedes, da un ejemplo.
2. El doctor Evans escribe que tendremos que responder un día a la pregunta: ¿Cómo utilizaste los dones que Él te dio para el avance del reino de Dios en la tierra? ¿En qué manera

puedes usar uno de tus dones para la extensión del reino de Dios?

3. El doctor Evans escribe: "Dios te dio tus dones espirituales para que puedas ser una bendición para otros". ¿Empezaste alguna vez a servir a otros, y en ese proceso te diste cuenta de que tú resultaste tan bendecido como ellos? Menciona un ejemplo.

Capítulo 9: La experiencia

1. ¿Qué elemento positivo de tu vida —tal como una relación, una experiencia educativa, un trabajo, o una habilidad bien cultivada— puedes usar para promover el reino de Dios?

2. ¿Has cometido algún error que Dios ha utilizado —o que tienes la esperanza de que lo utilice— para ayudarte a cumplir tu propósito en la vida?

3. Menciona una situación amarga que has sufrido. ¿Cómo podría Dios darle la vuelta a esa situación para que te ayude a experimentar tu destino? ¿Necesitas cooperar con Dios pidiéndole que te ayude a perdonar a alguien?

Capítulo 10: Las intersecciones

1. El doctor Evans escribe: "Empezamos a descubrir nuestras intersecciones divinas cuando buscamos a Dios en medio de nuestras actividades cotidianas". Más tarde agrega: "Cuando incluyes a Dios en tu rutina, lo natural se convierte en sobrenatural. Descubres tu destino cuando lo natural se fusiona con lo divino". Menciona una parte de tu rutina normal. ¿Cómo puedes incluir a Dios en ella o buscar a Dios en medio de ella?

2. El doctor Evans escribe: "Es absolutamente necesario que tengas personas en tu vida que no te dejen abandonar". ¿Puedes pensar en alguien así en tu vida: un amigo, un maestro, un compañero de trabajo, un pastor…?

3. Danos un ejemplo de cuando Dios te habló. ¿Te vino por medio de un sermón, una conversación, un tiempo de reflexión o la lectura de un pasaje de la Biblia…?

Capítulo 11: La consagración

1. El apóstol Pablo nos anima a que aprovechemos el tiempo o, dicho de otra manera, a que lo redimamos. Dinos una forma específica en que puedes aplicar esta instrucción a tu vida.

2. ¿Qué es lo primero que viene a tu mente cuando lees que debes presentarte a Dios como un sacrificio vivo, santo y agradable?

3. "Cuando el Espíritu Santo transforma tu mente, Él sustituye tu vieja y mundana forma de pensar con sus pensamientos". ¿Te has dado cuenta de que habías estado creyendo una mentira acerca de ti mismo y de tus circunstancias? Danos un ejemplo de los pensamientos de Dios que han reemplazado tus pensamientos mundanos.

Capítulo 12: El desarrollo

1. ¿Has pasado alguna vez por un valle de desarrollo? ¿Estás pasando por uno ahora mismo? Explícalo.

2. El plan inicial de Moisés para liberar a sus hermanos hebreos fracasó porque no era el momento adecuado. ¿Estás esperando en el calendario de Dios para algo en tu vida?

3. "Quedamos quebrantados cuando Dios nos despoja de nuestra autosuficiencia. Nuestra confianza no está en nosotros mismos. Toda confianza que podamos tener se basa en lo que sabemos que Dios puede hacer en nosotros y a través de nosotros". ¿Has experimentado alguna vez un proceso de quedar despojado de tu autosuficiencia a fin de que puedas confiar en Dios?

Capítulo 13: La adoración

1. El doctor Evans escribe: "La adoración te eleva de la tierra al cielo". ¿Qué significa para ti esa declaración? ¿Puedes describir un momento en que experimentaste algo así?

2. "Adorar a Dios significa sencillamente mantener una postura o mentalidad en la que atribuyes intencional y activamente valor a Dios". ¿Qué pasos prácticos podrías dar para incorporar esa postura y mentalidad en tu rutina diaria?

3. "Conocerás tu destino cuando estés viviendo un estilo de vida de adoración, la bombilla se encenderá, y tú dirás: '¡Ya lo entiendo! ¡Para eso fui creado!'". ¿Se ha encendido alguna vez la bombilla para ti? Si es así, describe esa experiencia.

Capítulo 14: La gloria

1. "Vemos la gloria de Dios cuando Él se manifiesta y se revela de una manera que suscita una respuesta de alabanza de nuestra parte". ¿Qué tipo de experiencias puede incluir esto?
2. "Tú fuiste creado para reflejarle a Él y su gloria a un mundo con la desesperada necesidad de verle, experimentarle y sentirle a Él y su gloria". ¿Conoces a alguien que refleja eficazmente la gloria de Dios? ¿Cómo podrías reflejar la gloria de Dios?
3. "En vez de dar a la gloria de Dios un gesto de afirmación o un canto o un par de horas de tiempo en un domingo, complácete ahora en la poderosa presencia de Dios". ¿Cuáles son algunas formas en las que puedes hacer eso?

Capítulo 15: El futuro

1. "La gente pierde la esperanza cuando no puede ver un futuro". Dios tiene un futuro para ti. ¿En qué elementos de tu futuro puedes centrarte hoy que van a darte esperanza ahora mismo?
2. "Uno de los elementos clave de una vida de destino es confiar en el Señor en los momentos que no tienen sentido". ¿Hay alguna cosa en tu vida que parece no tener sentido? ¿Qué puedes decirle al Señor acerca de confiar en Él en esa situación?
3. "Esperar por el momento oportuno de tu destino no es lo mismo que sentarse y no hacer nada. Dios dice que procures ser tan productivo como sea posible allí donde estés". ¿Qué pasos puedes dar para ser productivo allí donde estés?
4. "Al ayudar a los demás a encontrar y vivir sus destinos, te ayudas a ti mismo a descubrir tu propio destino". ¿A quién puedes tú ayudar a encontrar y vivir su destino?